JN084943

Managing Service Error

ヒューマンエラー防止のマネジメント

赤岡広周 [著]

晃洋書房

は じ め に

　本書は，2009年度，北海道大学大学院経済学研究科博士課程において博士学位論文として提出，学位授与に至った内容に準拠しつつも，可能な限り最新の状況を反映させるべくこの度,修正を加えたものである.本文中にある調査は，その際に実施したものであり，調査にあたり前提とした状況，および調査を受けての分析は，当時のものである. 具体的には，本文中言及した業務用システムの設計，ルール，社会状況などは当時のものを受けている. その後，業務用システムも着々と改善が行われている. 今回の出版にあたり，可能な限り内容の再検討は行っているが，業務用システムの設計，ルール，社会状況のみについて全面的に最新のものへの修正を行うと，当時行った調査との齟齬をきたす可能性がある. これを考慮し，修正は可能な範囲において行ったものであることとをご了解いただければ幸いである.

　本書は，リーズンの枠組みに基づき，エラーの背後には作業現場内にエラーを誘発する要因があり，そのような作業現場のありかたを規定するのは組織の意思決定である，という因果関係が骨子となっている.業務用システムの設計，ルール，社会状況など，本書で述べている内容には調査時点以降の変化はあるものの，上記の因果関係自体は現在の状況においても依然として一致する点は多く，現在の状況をとらえるうえでも妥当性を有し続けているものと思われる.そういった点で，エラー分析を検討する際のお役に立つことができれば幸いである.

　私たちは1人のお客や利用者として店舗・施設等を利用する際，私たちに対面して接遇してくれる店員なり係員は，当然完全な業務知識を有し，私たちの問い合わせや疑問には直ちに正しい答えを出してくれるものと思っているし，

その前提で行動している．巨大な雑貨店の店頭で，店員さんに気軽に「○○あ
りますか？　どこにありますか？」と話しかける際などは，このような状況と
なっているだろう．

　たいていの場合，そのような私たちからの問い合わせに対し，話しかけられ
た店員さんはたちどころに正解を返してくれる．私たちは一言礼を言って，す
べてが収まる．しかし，ふと，「こんな大きな店で，よく全部頭に入ってるな」
と感心することもある．もちろん，そのような優秀な店員さんも確かに存在す
る．しかし，店員さんも普通の人間である．覚えられることには限度があるし，
「わかりません」となったとしても本当は不思議はない．

　接客の仕事の経験がある方なら，これは思い当たる節があるのではないだろ
うか．まだ十分な業務知識もない頃は，お客や利用者から思いもかけない問い
合わせを突然受け，「ええと」と頭の中ではいろいろ答えを考える．しかし目
の前にいる客や利用者は，こちらに対して「当然正しい答えを知っているもの」
と信じる目を向けている．そのなかで，こちらは何とか対応しなければならな
い．

　経験とともに，業務知識も，お客や利用者から寄せられる FAQ も頭に蓄積
されるから，自分にとっての「不測の問い合わせ」も減り，大抵の問い合わせ
には完全な対応ができるようにはなってくる．しかし複雑なルールや取扱範囲
があまりにも広範囲となる業務の場合，経験を積んだところでやはり初めての
事態は残る．こちらもまた，普通の人間なのである．できることは限られて
いる．

　お客や利用者の側で，あるいは従業員の側で，たまに出会う（あるいは発生さ
せる）ミスに接し，「どうすれば妥当ではない取り扱いを減らせるだろうか」と
考えるようになった．これが，本書・本研究の出発点となった．接客の場面か
ら始まった研究であったが，ミスは接客の場面に限らない．日常生活では，様々
な場面で多様なミスが発生する．書き間違いや言い間違いもその一例である．

そして，なぜ，そのようなミスが発生したのか，本人にも明確な説明ができないことも多い．研究は認知心理学や安全工学など，様々な領域へと広がりを見せた．

　小さな疑問・問題意識から始まった話であったが，幸いにもそのような疑問を聞いていただき，お答えいただける担当者の方に出会うことができた．今回調査にご協力いただいた皆様にはあらためて謝意を示したい．また，本研究・本書の出版を支えてくれた家族，指導教員，晃洋書房編集部の西村喜夫部長に感謝したい．

　本書の出版にあたっては，京都産業大学出版助成金（Kyoto Sangyo University Publication Grants）を賜ったことを記させていただく．

　　2022年 8 月10日

赤 岡 広 周

目　　次

図 表 目 次

第 *1* 章

ヒューマンエラーの解明と防止

1 研究の背景と目的

　本書の目的は，窓口業務の２つの事例研究を試みることにより，制度志向サービス組織におけるヒューマンエラーの解明と防止策に関する一般化可能性の高い仮説命題を析出することである．

　ヒューマンエラーは，局所的作業環境の中で発生し，顧客不満足を惹起し，組織有効性を低下させる．エラー要因は必ずしも本人に帰属するものではなく，多角的な要因分析が必要である．この要因分析にあたっては，組織間環境，マネジメント，局所的作業環境の３つが人間行動に及ぼす影響を検討することが不可欠である．

　ヒューマンエラー研究は，主に大規模プラント，航空，医療看護などを主なフィールドとする．ヒューマンエラー研究は，設計不良や劣化・故障などと並び，事故の一要因となる．このため，大規模プラント，航空，医療看護などの分野における事故調査および事故対策では，ヒューマンエラーの考慮が重要となる．一方で，サービス組織におけるヒューマンエラー研究は僅少である．

　そこで本研究では，後述する２つの窓口業務の事例研究を試みる．

　第１章の２節では，本研究で分析対象とした A 鉄道会社，B 図書館のような制度志向サービス組織におけるヒューマンエラーと組織有効性を定義する．

　第２章では，ヒューマンエラーに関連する３つの先行研究を検討する．

　第3章では，第2章の検討結果に基づいて，ヒューマンエラーに関して，組織間環境・マネジメント・局所的作業環境―人間行動―組織有効性間関係を分析するための理論的枠組を導出する．

　第4章と第5章では，この導出された理論的枠組に基づいて，A鉄道会社の窓口業務とB図書館の窓口業務をそれぞれ分析する．この2つの事例研究の結果より，制度志向サービス組織におけるヒューマンエラーの主要因であるタスク多様性要因に関する仮説命題を析出する．

　第6章では，結論，本研究の意義および今後の課題を考察する．

2　制度志向とヒューマンエラー

1）　顧客志向と制度志向

　顧客満足は，マーケティング・コンセプトの中核をなすものである．2002年4月に行政評価法等が施行されたのを契機に，行政組織においても，顧客志向の比重は次第に高まりつつある．しかし，顧客満足は絶対的な指標ではない[1]．カウンターでの相談業務にみられるように，サービス・デリバリー・プロセスは，生産者と顧客の相互作用をともなう．スチュアートによれば，顧客側に起因する問題が顧客不満足につながるケースがある[2]．また顧客の感情は，満足・不満足を決定付ける要因である．顧客は，サービス・デリバリー・プロセスの一部を構成する．しかし，その性質は曖昧かつ不安定である．「顧客は組織の一部か否か」というバーナード以来の論議[3]は，顧客が組織の境界という不安定なポジションに位置することを示すとともに，顧客の曖昧さ・不安定さの表れでもある[4]．

　サービス組織の係員は，バウンダリ・スパニング[5]とダブル・バインド[6]に置かれている．組織の制度（ルール，慣習，価値観など）に背反する利他的行動は制約

される．顧客と組織の境界線上で，係員は顧客志向と制度志向というダブル・バインドに置かれている．2つの目標のウェイトは，組織や部門によって異なる．

　小菅によれば，同一組織内において顧客接触の高い係員ほど顧客志向であることが示されている[7]．またサービスに定評のあるホテル・デパート等では，係員への権限委譲を進めることで，現場において機動的な顧客対応を実現する例がある[8]．このような組織や部門では，制度に沿った公平・均一な取扱よりも，顧客1人ひとりのニーズへの対応が重視されているといえる．すなわち，顧客志向の比重が大きいと考えられる．

　一方，不特定多数の取扱を行うために取扱の公平性，均一性，効率性が要請される場合，官僚制システムが適している．官僚制システムの組織では，制度志向の比重が大きい．行政サービス組織や規制産業などが該当する．制度志向サービス組織では，業務が事前に定められたルーティンに則して，粛々と遂行されることが望ましい．

　ルーティンワークは，ラスムッセンの指摘するスキルベース行動に分類される[9]．半ば自動的に実行される．制度志向サービス組織では，取扱の大半がルーティン化されている．タスクの多様性を抑えることで，均質に，スムーズに処理されることが期待されている．ルーティンで処理できない取扱は，取扱の公平性，均一性，効率性に相反する．タスクの多様性が高まり，官僚制システムには適合的ではない．組織システムの動揺にもつながるノイズであり，純粋な官僚制システムは「外の要因の介入」として回避しようとする[10]．

2）ヒューマンエラーと組織有効性

　公平性，均一性，効率性は，制度志向サービス組織の組織有効性を規定する上位の要因といえる．クイン＆ローバウによれば，「組織構造はいかなるものか」[11]と「組織有効性の評価の焦点をどこにするか」の相互関係によって，組織の目

標価値は異なる．組織構造が安定的であり，組織有効性の評価の焦点が内部志向である組織は「内部プロセスモデル」と呼称される．「内部プロセスモデル」の目標価値は安定性・均衡である．また目標価値実現のための下位目標は，情報管理コミュニケーションである．一方，組織構造が安定的であり，組織有効性の評価の焦点が外部志向である組織は「合理的目標モデル」と呼称される．「合理的目標モデル」の目標価値は生産性，能率，利益である．また目標価値実現のための下位目標は，プランニング・目標設定である．クイン＆ローバウのモデルを援用すると，制度志向サービス組織は「内部プロセスモデル」または「合理的目標モデル」に位置付けられよう．[12]

　組織有効性の定義をめぐってはさまざまな立場がある．例えば，キャメロンの欠点制御モデルでは，組織有効性阻害要因が存在しないことを組織有効性指標としている．ヒューマンエラーも阻害要因の１つといえる．ヒューマンエラーは，時として組織に重大なダメージを与える．ヒューマンエラーによって，組織の安定性・均衡または生産性，能率および利益は損なわれる．ただし，ヒューマンエラーは表層的な結果にすぎない．[13]

　ヒューマンエラーを発生させるのは作業者である．しかし，ヒューマンエラーの原因は必ずしも現場作業者のみに帰するものではない．ヒューマンエラーは，マネジメント要因や局所的作業環境要因など，作業者を取巻く環境が遠因となることがある．クイン＆ローバウは，下位目標として「情報管理コミュニケーション」と「プランニング・目標設定」をあげている．この場合，情報管理コミュニケーションの失敗あるいは不適切なプランニング・目標設定は，いずれもヒューマンエラーの背景要因となることが指摘されている．ヒューマンエラーは，マネジメント要因を示唆するものである．組織有効性の阻害要因を検討するうえで，ヒューマンエラーの要因分析手法は，有益なアプローチとなろう．[14][15]

　従来のヒューマンエラー研究は，工場作業，管制室業務，医療看護などを主

なフィールドとしてきた．接客サービス組織を対象とした研究は僅少である．その背景としては，以下の2点があげられる．第1に，顧客がヒューマンエラーの原因となることがある．第2に，同じサービスであっても，顧客によってヒューマンエラーか否かの判断が異なる．つまり，顧客満足とヒューマンエラーが厳密に区分できないという問題がある．

　第2章で詳述するチェンとスチュアートの2つの研究は，サービス組織におけるヒューマンエラーを対象とした数少ない先行研究である[16]．これら両者の研究は，顧客志向サービス組織を重視したものである．顧客志向サービス組織の場合，顧客満足は組織有効性指標としての比重が大きい．両者の研究においても，顧客満足とヒューマンエラーは類似の概念として取扱われている．一方，制度志向サービス組織の場合は，顧客満足とヒューマンエラーの問題を切り離して検討することが可能である．制度の遵守が最優先されるためである．特に数十年前までの制度志向サービス組織では，顕著であったといえる．当時，顧客満足という概念はあまり考慮されなかったからである．しかし，行政評価法の施行や消費者の権利重視の流れなど，制度志向サービス組織を取巻く環境は大きく変化した．今日の制度志向サービス組織は，制度遵守が最優先ではあるものの，顧客満足を避けて通ることはできない．制度志向サービス組織は，「内部プロセスモデル」から「合理的目標モデル」への転換期にあるといえる．2020年春に始まる新型コロナウィルス感染症の影響により，社会的に対面機会を減少させる動きが生じた．顧客の間では対面サービスを避ける傾向が生じ対面サービスの需要が減少したほか，事業者側も従業員を感染から守り，かつ，自社営業拠点を利用した顧客も感染から守る必要が生じた．その結果として，従来続けられてきた対面サービスの形式に変更を加える動きがあった．例えば，対面窓口において飛沫防止目的のためのアクリル板を設置するなどの対応があげられる．この結果として，顧客，係員ともに互いの声が聞き取りにくくコミュニケーションに支障がでるなどの影響が生じた．

あるいは駅などの営業拠点において従来対面サービス（有人サービス）を行ってきた鉄道会社の窓口業務に関しては，顧客と係員の接触機会の減少に寄与するとしてネット予約，チケットレス乗車の活用が呼び掛けられるなどした．図書館においては，後述する学外者の来館利用を制限あるいは代替として文献複写サービスの利用などが呼びかけられた．

本書では，制度志向のサービスとして，「A鉄道会社の窓口業務」と「B図書館の窓口業務」を取りあげる．現在，両者を取巻く環境は転換期にあるといえる．利用者満足の重要性は高まり，多様なニーズへの対応が迫られている．

加藤は，1970〜1990年代の図書館経営を，（1）環境の不確実性が低い，（2）公的補助による潤沢な財源，（3）所蔵規模を基盤とした情報提供システムに特徴付けられる「規模の経営」を指向していたと指摘している[17]．そのうえで，増え続ける所蔵資料に起因する管理コストの上昇と，昨今の公的財源の枯渇の問題を考慮して，従前の規模の戦略から内部環境の整備重視へ転換すべきと指摘している．転換期ゆえのタスクの多様化は避けられない．制度志向サービス組織に適合的な安定した環境とは齟齬を来たす状況である．本書では，ヒューマンエラーの要因分析手法を用いつつ，窓口業務のタスクを多様化させる要因を探ることによって，組織有効性の阻害要因を検討する．

「内部プロセスモデル」の組織有効性指標としては，安定性・均衡があげられる．一方，「合理的目標モデル」の組織有効性指標としては生産性，能率および利益があげられる．図書館組織の場合，伝統的には利用者数，貸出冊数，所要時間等の指標が用いられてきた．これらの指標は，「組織の有効性に関する全般的な傾向を示す証拠として重要」である[18]．なお，近年では，資料の探しやすさ，職員の対応など，利用者満足に関わる指標の重要度が増している．マシュウズは，評価指標として「図書館中心の視点」と「顧客中心の視点」の「組み合わせによる視点」をあげている[19]．

第5章のB図書館の窓口業務の事例研究では，貸出窓口業務におけるオペ

レーションの品質に着目する．その際，取扱の迅速さと正確さが中心的な指標となる．すなわち，マシューズの分類による図書館中心の視点に基づいて，組織有効性を検討する．

3　ヒューマンエラーの定義

　図1-1は，制度志向サービスにおけるサービス係員による顧客取扱を，①組織の標準的な顧客取扱に合致しているか否か，②顧客満足に合致しているか否かの2次元によって表したものである．

　このうち，セル1の場合は，組織の標準的な顧客取扱に合致した取扱であり，顧客満足にも即した取扱である．したがって，組織および顧客の双方の観点か

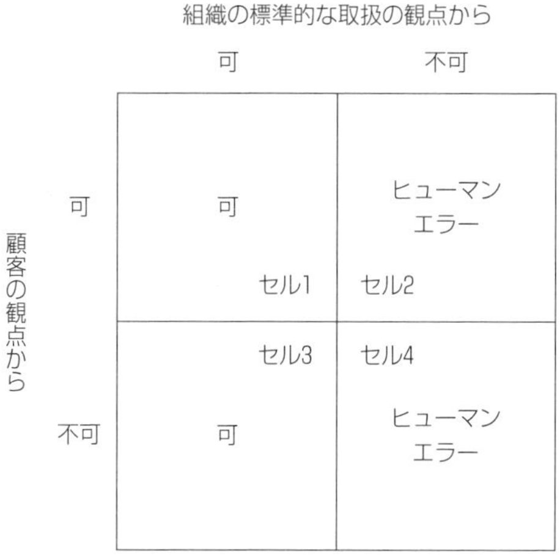

図1-1　制度志向サービス組織におけるヒューマンエラー
　　　　の定義

出所：筆者作成．

ら，問題のない取扱といえる.

　他方，セル4の場合は，組織の標準的な顧客取扱に即しておらず，顧客にとっても不満足となる取扱である．組織および顧客の双方の観点から，問題のある顧客取扱であり，ヒューマンエラーとして捉えられる.

　セル2とセル3の場合は，組織の理念や目標，価値観等によって評価が分かれるパターンである．制度志向サービス組織の場合，係員は，顧客の満足・不満足に関らず，ルールに即した顧客取扱を行わなければならない.

　このうち，セル3の場合，顧客にとって不可となるが，組織の標準的な顧客取扱に照らし合わせると可であり，ヒューマンエラーには該当しない.

　他方，セル2の場合は，顧客にとっては可であるが，組織の標準的な顧客取扱からみて不可であり，ヒューマンエラーに該当する.

　本書のヒューマンエラーは，「所定の顧客取扱に反した取扱」であり，顧客の満足・不満足には関わりないものとして定義される.

注
1 ）Schmenner（1995）.
2 ）Stewart（1997）.
3 ）Barnard（1938）.
4 ）Stewart（1997）.
5 ）Aldrich & Herker（1977）.
6 ）Hobbs & Williamson（2002）.
7 ）小菅（2006）.
8 ）Albrecht & Zemke（1985），Carlzon（1985）など.
9 ）Rasmussen（1983）.
10）田尾（1998）.
11）Quinn & Rohrbaugh（1983）
12）*ibid*.
13）Cameron（1986）
14）Quinn & Rohrbaugh
15）Reason（1999, 2005）

16）Chen（2000），Stewart（1997）.

17）加藤（2006）.

18）佐藤（2008）.

19）Matthews（2007）.

第2章

制度志向と顧客満足から見るヒューマンエラー
——先行研究の検討——

　第1章で述べたように，ヒューマンエラーは，作業者を取巻く環境に内在する問題点が具現化したものである．問題点への対処は，第1に，局所的作業環境レベルでの分析・工夫によって行われる．第2に，マネジメントによって行われる．局所的作業環境レベルでの分析・工夫としては，QC が代表的である．マネジメントとしては，業務支援システムへの投資などがあげられる．なお，局所的作業環境レベルでの分析・工夫と，マネジメントは，互いに関連する．例えば，QC は報奨などによって組織的に促進されるからである．さらに，マネジメントは組織間環境と関連する．

　本章では，組織間環境，マネジメント，局所的作業環境の関連性に着目し，次いで第3章にて理論的枠組を提示する．そのために，まず組織間環境，マネジメント，局所的作業環境の3点を考慮しつつ，先行研究の検討を行う．検討される先行研究は，(1) リーズンの研究，(2) チェンの研究，(3) スチュアートの研究の3つである．

▶ 1　リーズンの研究

　リーズンが提示したモデルは，不安全行為（意図しないヒューマンエラーと意図的な違反）の発生メカニズムを示したものである．ヒューマンエラーは局所的作業環境のなかで発生し，組織有効性を低下させる要因となる．ヒューマンエ

ラー研究は，工場作業や管制室業務などを対象としたものが多く，業務の性質上，ルーティンワークのなかで発生した事象も含まれる．本書では，ルーティン比率の高い業務における業務効率化と組織有効性の向上をテーマとしており，ヒューマンエラーに関する先行研究は検討の余地がある．

1） 人間モデル，工学モデルおよび組織モデル

　リーズンは，安全管理のためのアプローチとして，（1）人間モデル，（2）工学モデル，（3）組織モデルの3つをあげている．

　（1）の人間モデルでは，ヒューマンエラーの原因を個人に帰属するものとして捉えている．エラーの原因としては，人間の不注意，失念，手抜き，スキル不足，経験不足などがあげられる．エラーが発生した場合には，エラーを起こした本人の責任が追及される．エラー防止策としては，恐怖政治，手順書，訓練，人選の見直しなどがあげられる．

　（2）の工学モデルでは，ヒューマンエラーの原因をシステム設計上の問題と捉えている．管制室業務など，人間と機械の協働となるシステムを設計する場合，設計者は人間の特性を十分に考慮しなければならない．例えば，スイッチ操作時の間違いを防ぐために，スイッチを色分けするなどの工夫が求められる．

　（3）の組織モデルは，工学モデルの発展型である．ヒューマンエラーを組織行動の不経済と捉えている．安全対策やエラー対策は，損害発生の防止を目的とするものであり，利益を生む活動ではない．さらに，事故やエラーの発生には，確率的な要素がある．安全対策やエラー対策を特段講じない場合でも，無事故が達成される場合がある．無事故と安全対策・エラー対策の因果関係は，必ずしも明確とはいえない．組織行動には，予算，人員，スケジュールなどの制約がともなう．数々の制約のなかで，安全対策やエラー対策は後回しとされやすい位置にある．

　リーズンによれば，旧来型のエラー対策は，（1）の人間モデルに依拠している．しかし，人間モデルは次のような問題点を抱えている．

　第1に，ヒューマンエラーの発生には人間の生理的特性が関与している．うっかりミスは代表例である．人間の生理的特性は，指導や処罰によって容易に修正されるものではない．エラーを発生させた本人の責任を追及したとしても，再発防止策としては不十分である．同様のエラーは誰でも起こしうる．同様のエラーは繰り返される可能性がある．

　第2に，エラーを発生させた本人に対する追及が，問題の本質を隠す可能性がある．本人への責任追及は，地道な原因究明やエラー防止システムの構築と比較して手軽である．コストもかからない．本人への責任追及は上司や経営陣に満足感をもたらし，問題が解決したかのような錯覚を与える．

　以上の検討をもとに，リーズンは，（3）の組織モデルに基づくエラー対策を重視する．ヒューマンエラーは人間行動のなかで発生する．したがって，ヒューマンエラーの直接のきっかけは人間である．しかし，ヒューマンエラーの背後には，エラーを誘発する環境や不十分なエラー防止策などの潜在的原因が存在する．人間の性質はコントロール困難である．ヒューマンエラーを起こさせない仕組み，あるいはヒューマンエラーが損害発生へと至るシーケンスを遮断する仕組みを，組織として整備すべきとされる．

2）組織事故のシーケンスモデル

　組織事故のシーケンスモデルは，事故の発生メカニズムを（3）の組織モデルに基づいて示したものである．事故の発生メカニズムは，次のように3つのステップで構成されている．

　最も上流側のステップは，組織の意思決定，組織行動，組織文化である．これらは「組織的要因」と呼称されている．組織的要因としては，組織構造の問題，人員管理の問題，工具・装備の供給と品質の問題，訓練と人員選抜の問題，

営業上および操業上の問題, 企画と計画の問題, 施設設備の保守の問題, コミュニケーションの問題, 「正義の文化」の欠如, 「報告する文化」の欠如[1], 「学習する文化」の欠如[3]があげられる.

次のステップは, 各局所的作業環境のオペレーションである. 組織的要因は, 各局所的作業環境のオペレーションのあり方に影響を及ぼす. 各局所的作業環境では, ヒューマンエラーおよび違反行為を生み出す個別のコンテキストが生成される. これは「局所的作業環境要因」と呼ばれる. 局所的作業環境因としては, 信念[4], タイムプレッシャー[5], 潜在的リスクの存在に関する認識の有無, 文書と手順書[6], キャンドゥ態度[7], 年齢構成, 技術的支援の充実度, 道具類と設備[8], 知識と経験[9], タスク頻度[10], 眠気, サーカディアン・リズムの下点[11], コーディネーションとコミュニケーション[12], 設計の問題[13], 整理整頓があげられる.

最も下流側のステップは, 作業者の行動である. 作業者は, 所与のマネジメントおよび局所的作業環境のなかで作業を遂行する. 組織や局所的作業環境にヒューマンエラーを誘発する要因が含まれる場合, 人間行動におけるエラーの危険性は高まる. 人間行動におけるエラー要因は, 人間の生理的特性に由来する. 意識作業領域の限界[14], 注意力の限界[15], ビジランス能減衰[16], 疲労, ストレス, 覚醒, 情報処理の過負荷[17], バイアスなどがあげられている.

3) 人間行動の3類型

リーズンは, 人間行動を3つに分類するラスムッセンの枠組に基づいて[18], ヒューマンエラーの形式を3パターンに類型化する. ラスムッセンによれば, 人間の行動は習熟度に応じて「スキルベース」, 「ルールベース」, 「ナレッジベース」の3つに分類される.

スキルベースは, 習熟度の高いルーティン行動である. 半ば自動的に実行される.

ルールベースは, 習熟度の高い問題解決行動である. 馴染みのある問題に対

して，あらかじめ用意された対処法をあてはめて解決することを指している．

　ナレッジベースは，馴染みのない問題解決行動である．未経験の問題に取組むことを指している．努力や困難をともなうことが多い．初めて訪れた土地で，目的地を探すケースなどが該当する．

　人間行動が3類型に分類される例として，リーズンは自動車の運転をあげている．熟達したドライバーの場合，基本的な運転動作は「スキルベース」に分類される．アクセルワークやハンドリングは，半自動的に行われる．したがって，本人でさえ自身の行動を厳密に説明できないという特徴がある．¹⁹⁾ただし，自動車の周囲に他の車両や歩行者，信号などが存在する場合，ドライバーは法規に従ったコントロールを行う．これは「ルールベース」に分類される．またドライバーは，渋滞が予測される場合，渋滞を避けるための代替ルートを考えながら運転を続けることがある．これは「ナレッジベース」に分類される．

　なお，3類型の人間行動は，同時進行で行うことが可能である．渋滞を回避するための代替ルートを考えつつ，周囲の車に注意を払いながら，アクセルとハンドルをコントロールするケースがあげられる．

　ヒューマンエラーは，人間行動の過程において発生する．上記の3類型の人間行動に基づいて，リーズンは，ヒューマンエラーを3つに分類する．具体的には，スキルベース行動において発生するもの（スキルベースエラー），ルールベース行動において発生するもの（ルールベースのミステイク），ナレッジベース行動において発生するもの（ナレッジベースのミステイク）の3類型である．3類型のヒューマンエラーの特徴は，以下のとおりである．

4）3類型のヒューマンエラー

（1）スキルベースエラー

　スキルベースエラーは，適切な意図・計画に基づく行動が，当初の予定どおりに遂行されなかったケースである．①「認知の失敗」，②「記憶の失敗」，③

「行為の失敗（スリップ）」があげられる.

　①の認知の失敗は，誤認や見逃しを指している. 誤認は, 対象物, メッセージ, 信号を適切に認識できなかったケースである. 原因としては, （1）他のものと間違えた, （2）照度不足などの影響により不明瞭であった, （3）先入観に捕われていた, （4）習熟したタスクであるため, 注意力が低下していたなどがあげられる. 次に, 見逃しの原因としては, （1）タスクが途中で中断された, （2）集中力の欠如, （3）注意力の限界, （4）思い込みや先入観, （5）疲労, （6）急いでいた, （7）不明瞭, （8）モチベーションの低さ, （9）経験不足, （10）訓練不足, （11）ビジランス能減衰などがあげられる.

　②の記憶の失敗は, 入力の失敗, 貯蔵の失敗, 検索の失敗に分類される. 入力の失敗としては, 以下のパターンがあげられる. 第1に, 覚えようとしても覚えられないケースである. 電話番号や人の名前を覚えられないケースがあげられる. 第2に, 直前の行為を忘れる, または覚えていないケースである. 作業中に工具をテーブルの上に置いたが, 数分後, 工具を置いた場所がわからず探し回るケースがあげられる. 第3に, 複数のステップから構成されるタスクを実行中, どのステップまで完了したか見失うケースである. 手順を飛ばしたり, あるいは同じ手順を2度繰り返したりする. 第4に, 直前の行為を思い出せず, 直前の数分間が恰も空白となるケースである. 考え事をしながら歩いていると, どこを歩いてきたか思い出せないケースがあげられる.

　貯蔵の失敗としては, 以下のパターンがあげられる. 第1に, 後でやろうと決めたことを実行せず, そのまま忘れるケースである. 第2に, 複数のステップから構成されるタスクを途中で中断した後, タスク自体を忘れるケースである. 第3に, タスクを計画どおり開始したものの, 一部のステップを実行し忘れたことに後で気付くケースである.

　検索の失敗は,「喉まで出かかっているが思い出せない状態」である.

　③の行為の失敗（スリップ）は, 慣れ親しんだタスクを半自動的に実行する

過程で発生する．（1）無関係な事象に気をとられ，注意力が散漫となった場合，（2）状況や計画が普段とは異なる場合があげられる．

（2）ルールベースのミステイク

ルールベースのミステイクは，不適切な計画に沿って行動したために問題が生じるケースである．ルールベースのミステイクには「よいルールの誤った適用」と「悪いルールの適用」の2形式が存在する．よいルールの誤った適用としては，多数の未改造機と少数の改造機が混在する飛行機整備場において，改造機の整備の際に未改造機向けの手順を適用してしまうケースがあげられる．作業者は，正式なルールにしたがっている．しかし，そのルールを使用すべき状況ではなかったケースである．習慣的にそのルールを使用した場合と，そのルールを使用すべきではないことに気付かなかった場合に発生する．悪いルールの適用としては，順番に1つずつ操作しなければならないスイッチを，まとめて同時に操作するケースがあげられる．使用したルール自体が不正である．正当なルールから逸脱した手順が習慣化している場合に発生する．

（3）ナレッジベースのミステイク

ナレッジベースのミステイクは，不慣れなタスクにおいて発生する．対処を誤った場合や，知識不足が主な原因である．

以上のように，組織的要因は局所的作業環境要因を生成し，局所的作業環境要因はヒューマンエラーを誘発する．さらに，組織的要因および局所的作業環境要因は，作業者の意図的な違反行為を誘発する．違反は，日常的な違反[20]，スリルを感じるための違反[21]，楽観的な違反，あるいは状況に依存した違反[22]に大別される．

5） 6種類の防護策

　ヒューマンエラーや違反は，必ずしも事故（人的被害や環境汚染など）に直結しない．事故防止のための防護システムが機能するからである．防護には，（1）潜在的な危険を認識・理解させるもの，（2）安全確保のためのガイダンスを示すもの，（3）警報と警告，（4）異常時に，システムを安全な状態へと復帰させるもの，（5）潜在的な危険が損害を生まないよう，バリアを設けるもの，（6）万一の場合の避難・救助方法を示すものがある．

　以上の6種類の防護は，安全対策をシーケンスとして捉えている．防護を併用することで，安全対策は多重化される．例えば，（3）の警報と警告は，（1）と（2）が機能しない場合に備えている．（3）の警報や警告も効果がない場合には，（4）システムの自動制御などによって危険回避が図られる．事態が好転しない場合には，（5）分厚いコンクリート壁などのバリアによって危険の回避が図られる．以上の防護が全て機能しなかった場合に備えて，（6）避難・救助方法が定められている．これらの防護によって，事故発生率は低減される．

　しかし，確率的にこれらのさまざまな仕組みをすり抜け，問題が顕在化する

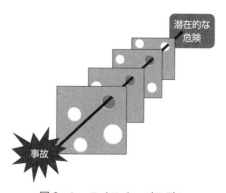

図2-1　スイスチーズモデル

出所：Reason（1997），pp.11-13=（1999），p.15をもとに筆者作成．

場合がある．リーズンは，スイスチーズモデルによる説明を行っている（図2-
1）．人間が構築したシステムの1つひとつを，スイスチーズ1切れと仮定する．
人為的に構築されたシステムには穴があり，システムの穴はスイスチーズの穴
に相当する．なお，スイスチーズの穴は流動的なものであり，伸縮・移動を繰
り返している．スイスチーズの穴はランダムなものなので，何枚も重ねれば重
ねるほど穴の位置が合わなくなり，穴は塞がれる．しかし，たまたま穴の位置
が一致して，穴が残る可能性はゼロではない．同様に，防護システムを多重化
するほど，問題が顕在化する確率は低くなる．しかし，問題が顕在化する確率
はゼロにはならない．

6）高度先端技術と事故

　高度先端技術を用いたシステムでは，複雑なメカニズムを経て事故に至るこ
とがある．事故が発生して初めて，メカニズムの存在が明らかになるケースも
多い．複雑なメカニズムを事前に全て予測し，完璧な防護を構築することは困
難である．また，防護自体が事故の原因ともなりうる．
　第1に，「自動化の落し穴」と呼ばれる現象があげられる．機器の信頼性が
向上する．しかし，ミスをしやすい人間の性質は変わらない．したがって，安
全性向上のためには，システムを自動化して人間の関与を排除するという考え
方が生まれてくる．しかし，自動化システムには，(1)システムがブラックボッ
クス化して，全体像が把握しづらい，(2)異常時の対処は，依然として人間
に委ねられているという問題が存在する．システムの信頼性は高められている
ため，異常の発生頻度は低い．作業者は，異常時に備えたスキルを身につける
ことができない．結果として，異常発生時，作業者にはシステムの状態が把握
できず，適切な措置も行えない．また，高度なシステムほど高度なメンテナン
スを必須とする．メンテナンスを行うのは人間である．ネジの締め忘れなど，
メンテナンスにおけるヒューマンエラーが事故を招く可能性が残る．

　第2に，分厚い手順書の問題があげられる．すなわち，さまざまな危険を想定して手順書の改定を繰り返すと，手順書は次第に分厚くなるという問題である．作業のなかで事故が発生すると，事故発生時に行われていた作業手順は，禁止事項として手順書に追加される．従来認められていた作業手順は次々に制限され，最終的には手順書に違反しなければ作業を完了できない事態となる．

　第3に，誤った警報の問題があげられる．誤った警報が繰り返されるようになると，作業者は警報を無視するようになる．車の盗難防止アラームが一例としてあげられる．警報無視が常態化すると，本当に必要な警報を見逃す危険が増す．

　第4に，事故防止のために設けた安全装置が，新たな事故を招くケースがあげられる．以上の事故発生メカニズムは次のとおりである．なお，事故はヒューマンエラーや違反を介さずに発生する場合もある．不適切な施設設備，安全装置，基準，管理，手順書が，直接事故を招くことがある．これは，潜在的な原因の抜け道として指摘されている．

　組織事故のシーケンスにおいて，組織間環境の影響は示されていない．リーズンの研究では，組織事故発生メカニズムのモデル化を通じ，実践的な事故防止策を構築することを重視している．組織事故発生メカニズムの解明にはストップルールが導入されており，自組織にとってコントロール不可能な事故要因は，調査対象から除外される．事故防止策を検討するうえで，操作することが不可能だからである．ただし，「事故発生に何らかの関係をもちうる」ものとして，サプライヤ，メンテナンス会社，規制機関，労働組合，政府機関，所管官庁，業界団体などの存在があげられている[23]．資源依存モデルでは組織間環境を操作可能なものとして捉えている．他方，リーズンのモデルでは組織間環境を与件として捉えていると考えられる．

7）リーズンの研究の意義

　リーズンの研究の意義は，ヒューマンエラーを現場作業者レベルの問題とせ
ず，背景要因をより重視した点である．背景要因は，マネジメントが解決すべ
き問題である．背景要因としては，組織の意思決定，組織行動，組織文化を包
括する「組織的要因」と，各作業現場に潜む「局所的作業環境要因」が示され
た．これらの要因はシーケンスを形成する．すなわち，組織的要因は局所的作
業環境要因を生成する．さらに局所的作業環境要因は，現場作業者の不安全行
動や違反を招く．このメカニズムは「組織事故のシーケンスモデル」として示
された．なお「組織事故のシーケンスモデル」の限界として，組織間環境の影
響が限定的にしか扱われていない点があげられる．

　2　チェンの研究

　チェンの研究は，旅行代理店を介した旅行サービス（以下「旅行取扱業務」と略
記）を対象としている．サービス・インシデントの発生箇所と要因を示すこと
によって，サービスの品質向上に寄与することを目指している．

　チェンによれば，サービス・インシデントとは，サービスプロセスにおける
失敗，エラー，不満の3つを包括する概念である．サービス・インシデントの
発生箇所は，①CAMSE モデルと②サービスステージとサービス品質のモデ
ルの2つのモデルによって図示されている．

1）CAMSE モデル

　第1のモデルは，CAMSE モデルである（図2-2）．CAMSE モデルは，旅
行取扱業務を構成する要素として，顧客（C），店頭係員（A），端末（M），技術
支援担当（S），環境（E）をあげ，要素間の関係性を図示したものである．**図2**

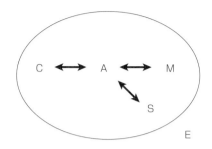

E：環境，C：利用者，A：店頭係員，M：端末，S：サポート部門
◀━━▶　C，A，M，Sの4つの要素間の相互作用

図2-2　CAMSE モデル

出所：Chen（2000），p.36.

-2では，顧客（C）は店頭係員（A）との間に相互作用を有するが，端末（M）と技術支援担当（S）とは接点をもたない．また端末（M）とサポート部門（S）は，店頭係員（A）とのみ相互作用を展開する．なお，環境（E）は，労働環境，制度，訓練などを指している．この環境（E）は，業務遂行中に顧客（C），店頭係員（A），端末（M），サポート部門（S）の4つと直接関係しない．しかし，業務のあり方に影響を及ぼす因子である．環境（E）は，さらに，設備等の物理的要素（Ef）と，規則，目標，組織的圧力等の制度的要素（Er）の2に分類される．なお，CAMSE モデルにおいて，環境（E）は当該組織に影響をもたらす外的要因を含んでいない．

2）サービスステージとサービス品質のモデル

　チェンの第2のモデルは，「サービスステージとサービス品質のモデル」である．本モデルでは，サービスプロセスを事前ステージ，相互作用・決定ステージ，取引ステージ，消費ステージ，フィードバックステージの5つに分類している．このうち，サービスのコアステージは，相互作用・決定ステージと取引

ステージである.

　事前ステージ　　事前ステージでは, 顧客は自身のニーズに基づいて, サービス要求を明確化させる. サービス供給者サイドでは, 顧客の受け入れ態勢を整える.

　相互作用・決定ステージ　　相互作用・決定ステージでは, 顧客のニーズとサービス供給者のシーズに基づいて, サービス内容が決定される. 相互作用・決定ステージを経て, 契約が成立する.

　取引ステージと消費ステージ　　取引ステージは, 成立した契約に基づいて形成されるステージである. 代金の決済と契約書面の処理が行われる. なお, 取引ステージと消費ステージの順序は, サービスの種類に応じて前後する. 旅行取扱業務の場合, 取引ステージが先である. 後払い式サービスの一部では, 消費ステージが先である.

　フィードバックステージ　　サービスの消費を通じて, 顧客は満足または不満足という評価を形成する. サービスに対する品質評価は, 顧客からサービス供給者へとフィードバックされることがある. これがフィードバックステージである. フィードバックは, 新規契約獲得のビジネスチャンスとなりうる. しかし, 顧客がフィードバックを行わない場合, フィードバックステージは成立しない.

3）分析方法

　チェンによれば, サービスの品質評価は以下のとおり行われる. 第 1 に, サービス供給者が顧客のニーズを把握する能力と, サービス供給者が顧客のニーズ

に応える能力によって評価される。第2に，契約内容（what）と実際のサービ
スの内容（what）のギャップ，および契約したサービスが履行されるプロセス
（how）によって評価される。

　これは，以下の2つの論拠に基づいている。第1の論拠は，グロンロスの指
摘である。サービスの品質は技術面（サービスの内容）と機能面（サービスプロセス）
の双方によって評価される。第2に，契約内容（what）と実際のサービスの内
容（what）のギャップ，および契約したサービスが履行されるプロセス（how）
によって評価される。これは，顧客がサービスの生産プロセスに関与すること
と関連する。

　第2の論拠は，ビトナー，ブームス＆テトレアルト，ケリー，ホムマン＆デ
イビス，ビトナー，ブームス＆モーの指摘である。問題発生時における係員の
対処と，顧客の要求に対する係員の対処は，サービスの品質評価に強く作用す
るとされている。

　以上の検討に基づいて，表2-1に示すように，チェンは，サービスの品質
を決定する要素を2つの軸で捉えている。なお，表2-1のCE（what）は「予
約内容は客のニーズと合致していたか」，CE（how）は「予約の際，旅行代理
店またはwebシステムとの相互作用はどの程度であったか」，CI（what）は「実
際のサービスは予約どおりであったか」，CI（how）は「予約したサービスを十
分に享受できたか」，FB（what）は「顧客からの改善要求はどの程度反映され

表2-1　サービス品質の6要素

	アウトカムの品質	プロセスの品質
契約締結	CE（what）	CE（how）
契約履行	CI（what）	CI（how）
フィードバック	FB（what）	FB（how）

出所：Chen（2000），p.29.

たか」，FB（how）は「改善要求に際して，旅行代理店またはwebシステムとの相互作用はどの程度であったか」を，それぞれ示している．

　第1の軸（横軸）は，サービスの内容（what）とサービスプロセス（how）である．第2の軸（縦軸）は，サービスプロセスの流れである．サービスプロセスの流れは，次の3つの局面から捉えられる．第1の局面は，契約締結（顧客のニーズの発生から，契約に至るまで）である．第2の局面は，契約履行（契約からサービス消費まで）である．第3の局面は，フィードバックである．

　CAMSEモデルと「サービスステージとサービス品質のモデル」に基づき，チェンは旅行代理店20店と顧客30人に対して，聴取調査と質問紙調査を実施している．旅行代理店［TA］の回答から得られたサービス・インシデントは，1店ごとに1〜60件である．このうち，サービス品質に影響を与えるものは合計35件であった．顧客の回答から得られたサービス・インシデントは，店頭サービス利用に関わるもの［C-TA］が41件，webサービス利用に関わるもの［C-web］が32件であった．このうち，サービス品質に影響を与えるものは，店頭サービス利用に関わるものが40件であり，webサービス利用に関わるものが28件である．サービス品質は，サービス・インシデントに影響される確率が高い．

　調査から得られたサービス・インシデントのサンプルは，以下の（1）〜（5）の手続きによって分析された．

（1）初めに，サービスの品質評価に影響を与えたサービス・インシデントのみを抽出する．

（2）次に，サンプルを潜在的エラーと即発的エラーに分類する．
　潜在的エラーと即発的エラーは，リーズンが提示した概念である[28]．潜在的エラーとは，システム側に内在する問題点を指している．先に述べた組織的要因

および局所的作業環境要因に相当する．組織的要因および局所的作業環境要因
は，第一線の作業員の行動を通じてエラーが発生するため，直接的なエラー要
因とはならない．正常状態ではエラー要因として認識されることが少なく，シ
ステム内に潜在的に存在する．一方，即発的エラーは，作業員のヒューマンエ
ラーや違反行為によってもたらされる．即発的エラーの背後には，潜在的エラー
が存在する．

　サービス業の場合，顧客または係員の行動にともなうエラーは即発的エラー
に分類される．係員による誤った案内が代表例である．可視的なエラーであり，
即応可能である．即発的エラーはサービスの品質評価に直結する．一方，潜在
的エラーは，サポート担当者や責任者など，バックオフィスにおける意思決定
によって生成される．マネジメントに内包された問題であり，即座に顕在化す
ることはない．

　サービスの品質向上を図るうえでは，即発的エラーの分析よりも潜在的エ
ラーの分析がより有効である．サービス業の即発的エラーは，さほど深刻な影
響をもたらさないからである．工場作業における即発的エラーは，環境汚染や
人的被害につながりかねない．しかし，サービス業の即発的エラーによる被害
は小規模に留まる．潜在的エラーの発生時点と発生箇所の特定に加えて，シス
テムに穴が発生するメカニズムの解明が重要である．

（3）CAMSE モデルによってサービス・インシデントの類型化を行った．
　CAMSE モデルは，旅行取扱業務を構成する要素と，要素間の相互関係を図
示している．サービス・インシデントの発生箇所を CAMSE モデルによって
特定し，発生箇所に応じてサンプルを分類した．

（4）「サービスステージとサービス品質のモデル」によって，サービス・イ
　　　ンシデントの類型化を行った．

　本モデルは，サービスプロセスを 5 つのステージに分類している．サービス・インシデントが，どのステージで発生しているかを特定して，サンプルが分類されている．

（5）CAMSE モデルと「サービスステージとサービス品質のモデル」を併用して，サービス・インシデントの類型化を行った．

4）分析結果

（1）即発的エラー

　チェンによる即発的エラーの分析結果は，以下のとおりである．

　第 1 に，CAMSE モデルによる分類の結果，以下の示唆が得られた．（1）即発的エラーの大半は，CAMSE モデルによって分類可能である．（2）即発的エラーの大半は，C（顧客）― A（店頭係員）間の相互作用と，A（店頭係員）― M（端末）間の相互作用で発生した．（3）CAMSE モデルに外部プロバイダ（P）という要素を加えるべきである．外部プロバイダとしては，旅行商品に組み込まれた宿泊先ホテルやレストランなどがあげられる．ホテルやレストランの係員の接客態度や食事内容は，顧客満足に影響を与える因子である．しかし，旅行代理店によるコントロールの余地は限られる．

　第 2 に「サービスステージとサービス品質のモデル」による分類の結果，以下の示唆が得られた．（1）大半の即発的エラーは，5 つのサービスステージによって分類可能である．（2）大半の即発的エラーは，コアステージ（相互作用・決定ステージと取引ステージ）で発生した．（3）カイ 2 乗検定の結果，［TA］のサンプル分布と［C-TA］のサンプル分布の間には，有意な差はみられなかった．（4）カイ 2 乗検定の結果，［C-TA］のサンプル分布と［C-web］のサンプル分布の間には，有意な差が存在した．（5）web サービス利用に関するインシデントでは「顧客が支払いを行わなかった」が最多であった．なお，分

析結果に基づいて，取引ステージと消費ステージの中間に修正ステージが追加された．追加された修正ステージは，一旦契約が成立したサービスに対して，変更が加えられるステージである．

　第3に，CAMSE モデルと「サービスステージとサービス品質のモデル」を併用した分析が実施された．店頭での相互作用・決定ステージと取引ステージで発生するエラーは，主に C(顧客)— A(店頭係員)間の相互作用または A(店頭係員)— S(サポート部門)間の相互作用に属していた．

　第4に，即発的エラーは，表2-2のように，パターン別に分類された．この表2-2から，以下の示唆が得られた．（1）カイ2乗検定の結果，[C-web] のサンプル分布は，[C-TA] と [TA] のサンプル分布との間に有意な差を示した．（2）カイ2乗検定の結果，[TA] のサンプル分布と [C-TA] のサンプル分布との間には有意な差はみられなかった．（3）エラーの大半は「情報の問題」に属していた．（4）web サービス利用客は，システムを使いこなせないために，情報収集に支障を来す傾向があった．（5）旅行代理店は，サービス品質に起因するエラーよりも，不正確なコミュニケーションに起因するエラーを重要視していた．

　第5に，表2-2によって分類された即発的エラーは，CAMSE モデルと「サービスステージとサービス品質のモデル」を併用して分類された．分析の結果は次の5つである．

（1）相互作用・決定ステージにおけるエラーの大半は「情報の問題」に属している．

（2）取引ステージにおけるエラーは，「情報の問題」または「プロセスの問題」に属している．

表 2 - 2 即発的エラーのパターン

情報の問題	明示
	情報の欠落
	入力の間違い
	誤った情報
	理解
	理解困難な情報
	情報の誤解
	到達
	付帯事項の見落とし
	適切な情報に到達できない
	不適切な情報に到達
	オミット
	情報は適切であったが検討しなかった
	情報の失念
プロセスの問題	プロセスの実行に失敗
	プロセスを失念
	誤ったプロセスを実行
	プロセスのタイミングが不適切
	レスポンスのタイミングが不適切
プロバイダの問題	サービスの不履行
	サービスの変更
	サービスの利用が不可能
	貧弱な設備
機器の問題	機器の問題

出所：Chen (2000), p.103.

（3）消費ステージと修正ステージにおけるエラーは，「外部プロバイダの問題」または「プロセスの問題」に属している．

（4）「情報の問題」は，C（顧客），A（店頭係員），M（端末）間の相互作用に

属している．したがって，C（顧客）―A（店頭係員）および A（店頭係員）―
M（端末）間における「情報の問題」が課題となる．

（5）顧客がサービスに対して強く参与する場合，顧客はサービスプロセス
のタイミングを重視する．

　以上の（1）～（3）の結果は，エラーパターン・モデルとサービスステー
ジ・モデルの間には関連があることを示唆している．また（4）～（5）の結
果は，エラーパターン・モデルと CAMSE モデルの間には関連があることを
示唆している．

　（2）潜在的エラー
　チェンによる潜在的エラーの分析結果は，以下の 3 点に要約される．
　第 1 に，CAMSE モデルによる分類を実施した．潜在的エラーは M（端末）
または E（環境）に属することが示された．
　第 2 に，潜在的エラーをパターン別に分類した結果，次の 2 点が明らかになっ
た．（1）カイ 2 乗検定の結果，［C－web］のサンプル分布と［C－TA］のサ
ンプル分布との間には有意な差がみられた．（2）カイ 2 乗検定の結果，［TA］
のサンプル分布と［C－TA］のサンプル分布との間には有意な差はみられなな
かった．
　第 3 に，表 2-3 によって分類された潜在的エラーが CAMSE モデルによっ
て分析された．分析の結果は次の 4 点である．（1）エラーパターン・モデル
と CAMSE モデルとの間には関連がある．物理的環境（Ef）に関するエラーは，
「電話の弱点」に関連する．M（端末）に関するエラーは，「不適切なインタフェー
ス設計」に関連する．（2）A（店頭係員）―M（端末）間の相互作用に「品質の問題」
がある場合，C（顧客）―A（店頭係員）間の相互作用には「コミュニケーションの

表2-3　潜在的エラーのパターン

コミュニケーションの問題	使い勝手の悪いシステム設計
	サービスの手順のわかりやすさ
	サービスの目的・結果のわかりやすさ
技術力の問題	顧客のニーズに合致しないシステム設計
	電話の弱点（間違い電話・聞き間違い）
	不適切なインタフェース設計
品質の問題	管理不行届
	不適切なエラーマネジメント
タイムプレッシャー	タイムプレッシャー

出所：Chen（2000），p.117.

問題」が存在する．（3）機械化サービスの場合，M（端末）に関する潜在的エラーは，「顧客のニーズに合致しないシステム設計」と「不適切なインタフェース設計」に起因する．（4）インタフェース設計に起因する「使い勝手の悪いシステム設計」は，機械化サービスの大きな問題である．

　以上の結果に基づいて，チェンは，即発的エラーと潜在的エラーのクロス集計を試みている．集計の結果，次の4点が示唆された．（1）顧客はコミュニケーションの構築に対して，旅行代理店サイドの予測以上に敏感である．（2）サービスを適切なタイミングで提供するためには，サービスプロセスの理解が重要である．（3）顧客の要望と期待に沿ったオプションを提供するためには，旅行代理店からの十分な情報提供が鍵となる．とりわけ，機械化サービスの場合に重要であり，使い勝手のよいシステム設計が求められる．（4）旅行代理店と顧客のコミュニケーションの正確性は，「電話の弱点」によって強く影響される．（5）旅行代理店における最大のエラー要因は，コンピュータへの入力時における「不適切なエラーマネジメント」である．機械化サービス利用客の場合，最大のエラー要因は「使い勝手の悪いシステム設計」である．

　さらに，チェンは，多変量解析によってサービスの品質評価および顧客満足

に影響する因子を分析している．変量は表2-1で示されたCE（what），CE（how），CI（what），CI（how），FB（what），FB（how）の6つである．

品質評価は以下の式によって表される．

$$\text{service}=b_0+b_1{}^*\text{CE}\text{（what）}+b_2{}^*\text{CE}\text{（how）}+b_3{}^*\text{CI}\text{（what）}+b_4{}^*\text{CI}\text{（how）}$$
$$+b_5{}^*\text{FB}\text{（what）}+b_6{}^*\text{FB}\text{（how）}$$

重回帰分析の結果，店頭サービス利用客と，webサービス利用客との間には有意な差がみられた．店頭サービス利用客の場合，CE（how）とCI（how）が因子である．webサービス利用客の場合，CE（what）とCI（how）が因子である（表2-4）．

顧客満足は以下の式によって表される．

$$\text{satisfaction}=b_0+b_1{}^*\text{CE}\text{（what）}+b_2{}^*\text{CE}\text{（how）}+b_3{}^*\text{CI}\text{（what）}+b_4{}^*\text{CI}\text{（how）}$$
$$+b_5{}^*\text{FB}\text{（what）}+b_6{}^*\text{FB}\text{（how）}$$

重回帰分析の結果，店頭サービス利用客，webサービス利用客，旅行代理店の3者の間には，有意な差はみられなかった（表2-5）．

次に，6つの変量を用いて因子分析と相関分析が行なわれている．分析結果は次のとおりである．

第1に，［C-TA］による因子分析の結果，以下の4つの因子が抽出された．第1因子の構成変数はFB（what），FB（how），CI（how），第2因子の構成変数はCI（what），CI（how），第3因子の構成変数はCE（what），CI（how），第4因子はCE（how）である．

さらに相関分析が行なわれた．その結果，CI（how）はFB（what）を除く5つの変量の間に相関関係があることが示された．したがって，CE（how）は例外的な因子と考えられる．

第2に，［C-web］による因子分析が試みられた．その結果，以下の2つの

表 2-4　サービス品質要素の重回帰分析

変数／指標	旅行代理店		店頭サービス利用客		web サービス利用客	
	b	有意性	b	有意性	b	有意性
CE（what）	—	—	—	0.339	0.485	0.012
CE（how）	—	—	0.517	0.007	—	0.161
CI（what）	—	—	—	0.97	—	0.458
CI（how）	—	—	0.584	0	0.483	0.006
FB（what）	—	—	—	0.869	—	—
FB（how）	—	—	—	0.66	—	—
定数	—	—	−0.116	0.262	−0.006	0.962
Rの2乗	—		0.853		0.816	
モデルの有意性	有意な変数なし		p<.001		p<.001	
多重共線性条件インデックス	—		7.18		11.46	

出所：Chen（2000），p.149.

表 2-5　顧客満足構成要素の重回帰分析

変数／指標	旅行代理店		店頭サービス利用客		web サービス利用客	
	b	有意性	b	有意性	b	有意性
CE（what）	—	0.968	—	0.861	0.132	0.039
CE（how）	0.458	0.008	0.402	0.039	0.439	0
CI（what）	—	0.45	—	0.569	—	0.061
CI（how）	—	0.732	0.686	0	0.57	0
FB（what）	0.402	0.004	—	0.916	—	—
FB（how）	—	0.641	—	0.89	—	—
定数	0.099	0.508	−0.097	0.384	−0.125	0.003
Rの2乗	0.453		0.847		0.988	
モデルの有意性	0.001		0		0	
多重共線性条件インデックス	8		7.18		14.73	

出所：Chen（2000），p.149.

因子が抽出された．第1因子の構成変数は CE（what）と CE（how），第2因子の構成変数は CI（what）である．さらに相関分析が行われ，CE（what）は CE（how）と CI（how）と相関関係にあることが示された．

　第3に，［TA］による因子分析の結果，4つの因子が抽出された．第1因子の構成変数は CE（what）と CI（what），第2因子の構成変数は FB（what）と FB（how），第3因子の構成変数は CI（how），第4因子の構成変数は CE（how）である．また相関分析の結果，CE（what）は CE（how），CI（what）および CI（how）と相関関係にあること，CI（what）は CI（how）と相関関係にあること，FB（what）は FB（how）と相関関係にあることがそれぞれ示された．

　チェンは，以上の分析結果を次の5点に整理している．

（1）契約履行時におけるプロセスの品質は，全体的な品質評価に強く影響する．

（2）店頭サービス利用客の場合，全体的な品質評価は，最終的なアウトカムの品質よりもプロセスの品質により強く依存する．web サービス利用客の場合，実際のサービス内容と申込内容が一致するだけでは，全体的な品質評価に寄与しない．旅行代理店から得られたサンプルの分析からは，全体的な品質評価を決定付ける要因は見出せなかった．

（3）満足度調査の結果に関しては，店頭サービス利用客と web サービス利用客は，同様の傾向を示す．一方，旅行代理店では，顧客満足とサービスの品質を別個のものと捉えている．

（4）顧客満足のキーポイントは，契約締結時のプロセス品質と，アフターサービスにおけるアウトカムの品質である．契約締結時と契約履行時のア

ウトカムの品質は, 顧客満足に影響を及ぼさない.

（5） 旅行代理店, 店頭サービス利用客, web サービス利用客が全体的な品
　　 質評価を行う際, 重視する因子はそれぞれ異なる. ただし, 6 つの因
　　 子間には相関関係が存在する.

　仮説の検証　以上の分析結果に基づき, チェンは仮説の検証を試みている.
仮説の検証結果は以下のとおりである.

　仮説 1　「CAMSE モデル」と「サービスステージとサービス品質のモデル」
　　　　 は, サービスにおけるヒューマンエラーの分析に有効である.

　即発的エラーは, コアステージ（相互作用・決定ステージと取引ステージ）におけ
る間の相互作用と A（店頭係員）— M（端末）間の相互作用に際して発生する. 他の
ステージでは, C（顧客）— A（店頭係員）間の相互作用と A（店頭係員）— M（端末） 間
の相互作用に際しては, 即発的エラーの発生はみられなかった. 他方, 潜在的
エラー発生の主な背景要因は制度的環境（Er）である. 特に制度的環境（Er）は,
C（顧客）, A（店頭係員）, M（端末）の間の相互作用に影響を与えている. 以上
の結果から, 仮説 1 は支持された.

　仮説 2　サービスの品質は, 契約締結時, 契約履行時, フィードバック時の
　　　　 サービス品質の 3 つによって決定される.

　回帰分析の結果, サービスの品質評価においては, プロセス品質が重視され
ることが明らかになった. 以上の結果から, 仮説 2 は支持されなかった.

　仮説 3　サービスにおけるヒューマンエラーの最大の要因は, 顧客とのコ
　　　　 ミュニケーションエラーである.

即発的エラーは,「情報の問題」に分類されるものが最も多かった.他方,多くの潜在的エラーは,「コミュニケーションの問題」,「技術力の問題」,「品質の問題」に分類された.特に「使い勝手の悪いシステム設計」に属するものが最も多かった.以上の結果から,仮説3は支持された.

5）チェンの研究の含意

以上の分析結果より,チェンの研究の含意は次の4点に整理される.

第1に,全体的に,[TA] と [C-TA] との間には有意な差は認められなかった.他方,[C-TA] と [C-web] との間には有意な差が認められた.

第2に,一般に,サービスの品質と顧客満足は別個のものと考えられている.サービス品質は,組織ベースで評価されるが,顧客満足は当事者ベースで評価されるからである.

チェンの調査結果では,サービスの品質と顧客満足は,顧客からみて,類似の概念であることが示された.他方,サービスの品質と顧客満足は,旅行代理店からみて,別個の概念であることが示された.

第3に,webサービス利用客の場合,「支払いを行わなかった」というエラーパターンが多い.この背景としては,（1）情報収集や比較検討の目的でwebサービスを利用するケースが多いこと,（2）支払方法が解らない場合には,操作を中止するケースが多いことが考えられる.なお,webサービス利用客が支払いを行わなかった場合,フィードバックステージは成立しない.

第4に,ヒューマンエラー研究は,現時点のマネジメントの弱点を発見するうえで有効である.しかし,自組織の能力や戦略を発見することはできない.

最後に,チェンは,調査結果に基づいて,CAMSEモデルと「サービスステージとサービス品質のモデル」の再検討を行っている.

6）CAMSE モデルの再検討

第1に，エラー事例の2/3が，C（顧客），A（店頭係員），M（端末）間の相互作用に属する．したがって，C（顧客），A（店頭係員），M（端末）間の相互作用に注目することが重要である．

第2に，CAMSE モデルにおいて，S（サポート部門）は，自組織内の管理職などを指している．他方，調査の結果，店頭係員（A）と自組織のS（サポート部門）の相互作用におけるエラーは0件であった．A（店頭係員）とG（組織間環境）間の相互作用におけるエラーは1件であった．G（組織間環境）とは，具体的には，航空会社のオペレーターである．航空会社のオペレーターは，旅行会社とは無関係な立場にある．旅行取扱業務では，通常，店頭とサポート担当との相互作用は発生しないといわれる．したがって，CAMSE モデルでは，S（サポート部門）が削除されている．なお，店頭とサポート部門の連携の少なさは，A（店頭係員）— M（端末）間のエラーの多さや「プロセスの問題」に関するエラーの多さの一因と考えられる．

第3に，銀行や自動車整備業などの場合，サービスの提供は自社で行う．他方，旅行業の場合，実際のサービス提供は，ホテルなどの組織間環境（外部組織）に委ねられている．したがって，旅行代理店によるコントロールの余地は限られており，エラー要因となる．以上の考察から，外部プロバイダ（P）がCAMSE モデルに追加される．

7）サービスステージとサービス品質のモデルの再検討

第1に，相互作用・決定ステージと取引ステージで発生するエラーは，コミュニケーションの質の問題と正確性の問題として捉えることが可能である．

第2に，旅行代理店や宅配便等の場合，契約締結と履行が同時ではない．時間差が存在する．一旦サービス契約が成立した場合でも，修正・取消の可能性がある．修正・取消は，顧客のニーズあるいは事業者のキャパシティが変化し

た場合に発生する．したがって，修正ステージの重要性は大きい．修正ステージにおけるエラーも発生しやすい．以上の考察から，オリジナルの「サービスステージとサービス品質のモデル」に，修正ステージが追加されている．

　第3に，外部プロバイダのエラーにより，申し込んだサービスを消費できないことがある．ホテルの予約が入っていないなどのケースがあげられる．サービスの契約締結と履行が，滞りなく行われることが重要である．「サービスステージとサービス品質のモデル」では，相互作用・決定ステージと取引ステージをコアステージとして重視した．しかし，消費ステージの重要性が示された．消費ステージは，全体的な品質評価と顧客満足に影響する．

　第4に，調査の結果，フィードバックステージに属するエラーは見出せなかった．したがって，フィードバックステージが削除されている．

　CAMSE モデルの意義は，①サービス・デリバリーを構成する要素，②要素間の関係性，③サービス・デリバリーにおけるヒューマンエラーの発生箇所の3つを図示した点にある．他方，藤村は，サービス・デリバリーを規定する要因として，フロント・ステージの従業員，顧客，物理的環境，バックステージの従業員のほか，マーケティング担当者および経営を指摘している[29]．CAMSEモデルでは，ヒトと物理的環境の考慮が中心である．したがって，CAMSE モデルの限界として，マネジメントへの言及が不十分である点があげられる．

▶ 3　スチュアートの研究

1）研究の目的と調査方法

　スチュアートは，サービスにおける顧客不満足の要因として，ヒューマンエラーに着目している．そのうえで，サービス業におけるヒューマンエラーの事例を収集し，ヒューマンエラーの発生状況と発生メカニズムを分析している．

事例の収集に際しては，顧客に起因するカスタマーエラーと，事業者に起因するプロバイダエラーの双方が対象とされた．

　スチュアートの研究は，認知心理学に基づくものであり，認知メカニズムとヒューマンエラーの関係に主眼をおいている．ただし，認知メカニズム自体の解明は行わず，「認知のブラックボックス」として取扱っている．そして，認知メカニズムへのインプットと認知メカニズムからのアウトプットのみに着目している．また，システムや組織に内在するエラー要因は，認知メカニズムに重要な影響を与える場合のみを取りあげ，分析している．

　調査対象は134人の学生である．サービス利用時に不満であった事例の報告を求めた．旅行，宿泊，飲食，自動車関連，小売，金融，医療などのサービスにおける事例が172件収集されている．収集されたデータは，以下のとおり処理された．まず，ヒューマンエラーに該当しない事例は除去された．ヒューマンエラーに該当する事例は140件であった．140件のヒューマンエラーの事例は，次のとおり分類された．

　第1に，カスタマーエラーとプロバイダエラーに分類された．スチュアートは，プロバイダエラーに加えて，カスタマーエラーの存在を重視する．サービス財の場合，顧客も財の生産過程に関与する．弁護士事務所の相談業務などが代表例である．管制室業務や工場作業のヒューマンエラーと比較して，サービス業のヒューマンエラーには次の2つの特徴がある．

（1）顧客がヒューマンエラーの原因となることがある．

（2）管制室業務や工場作業の場合，事業者はヒューマンエラー対策として，係員のトレーニングを行うことができる．しかし，サービス業の場合，事業者は顧客をトレーニングすることはできない．

（3）サービス業の場合，顧客がヒューマンエラーを判断することがある．顧客の評価は多様である．同じサービスであっても，顧客によってヒューマンエラーか否か判断が異なる．

（4）サービス業の場合，顧客によってヒューマンエラーへの許容度が異なる．係員によるサービスの欠落および重複は，いずれもヒューマンエラーである．しかし，係員の過干渉を嫌う顧客の場合，サービスの欠落は必ずしもマイナス評価とならない．レストランでウェイターが水を注ぎに来ないなどのケースがあげられる．

（5）係員が顧客接触の直前でエラーに気付いて修正を行った場合，顧客への影響は生じない．

　第2に，リーズンの枠組（スキルベースエラー，ルールベースエラー，ナレッジベースエラー）に沿ったエラーの分類が行われている．

　第3に，リーズン（Reason 1990: 1994）のGEMSを拡張した拡張GEMS（表2−6）によってヒューマンエラーの発生メカニズムが分析された．拡張GEMSは，認知過程で発生するヒューマンをスキルベース，ルールベース，ナレッジベースの3つのエラーに分類して，それらの発生メカニズムを詳述したものである．以下，表2−6について簡単に説明を加える．

　「二重捕獲スリップ」は，因果関係の影響を受けて，不適切な方向へ注意が向けられることを指している．帰宅途中に用事を済ませる予定であったが，そのまま帰宅してしまうケースがあげられる．

　「ルールの強さ」は，判断や行動の際に，過去の成功体験などの影響を受けることを指している．「頻度と一般性」は，使用頻度の高いルールに対して，誤解や違反が定着している状態である．「手軽さ」は，複数のサインが示され

表2-6　拡張GEMS

スキルベース	
不注意	注意過剰
二重捕獲スリップ	省略・欠落
中断後の再開における省略・欠落	重複
当初の意図を失念	逆行
知覚の混乱	
干渉	
ルールベース	
情報が過剰	
ルールの強さ	
よいルールの誤適用	
誤解	過度の単純化
頻度と一般性	指示系統の単純化
手軽さ	時系列的な変化の無視
選択性	指数的に拡大する問題の難しさ
バイアスに基づく類型化	因果関係の追究
コミュニケーションの問題	錯誤相関
安易な考え	時間差に起因する相関性の見落とし
慣性	不適切なコード化
過信	不十分な行動
ナレッジベース	
ワーキングメモリの限界	
去る者は日々に疎し	
バイアスに基づくチェック	
直線的な思考　形式優先	
問題の取捨選択	

出所：Stewart (1997), p.94.

ている状態で発生する．馴染みのあるサインのみに注意を奪われ，重要なサインを見落とすことを指している．「選択性」は，複数のサインが示されている状態で発生する．客観的な重要性よりも，主観的な判断に基づいてサインを取捨選択する．「バイアスに基づく類型化」は，拡大解釈によって類似例を当てはめることを指している．「コミュニケーションの問題」は，「コミュニケーションの失敗」と「コミュニケーションの欠如」の2次元から成る．このうち「コ

ミュニケーションの失敗」は，いわゆる伝言ゲーム問題を指している．情報伝達の過程において，情報は変質する．他方「コミュニケーションの欠如」は，情報伝達に適したシステムが整備されていない状態を指している．「慣性」は，改良されたルールよりも，慣れ親しんだ旧来のルールに沿った行動を好むことである．「指示系統の単純化」は，同時に複数の指標を考慮できないことを指している．「時系列的な変化の無視」は，見た目の変化がないために，客観的なパラメータの変化を無視することを指している．「時間差に起因する相関性の見落とし」は，原因と結果の間に時間差がある場合，因果関係の存在に気付かないことを指している．「不適切なコード化」は，複雑な物事を理解する際に発生する．重要な一部要素を無視して単純化したり，一部要素のみ重視することを指している．

「不十分な行動」は，（1）誤ったルールに基づく行動，（2）奇妙なルールに基づく行動，（3）賢明ではないルールに基づく行動の3つから成る[30]．（1）の誤ったルールに基づく行動は，悪い結果しかもたらさない．（2）の奇妙なルールに基づく行動は，多少のメリットはあるものの，それ以上のデメリットをもたらす行動である[31]．（3）の賢明ではないルールに基づく行動は，途中まではよい結果を生むものの，最後には悪い結果をもたらす行動を指している．「ワーキングメモリの限界」は人間の生理的限界である．ワーキングメモリとは，意識作業領域を指している．ワーキングメモリには，時間的制約，容量制約，内容的制約の3つがある．例えば，電話で電話番号を聞いた際，メモを取ろうとしてペンを探している間に電話番号を忘れることがある．これはワーキングメモリの限界によるものである．「問題の取捨選択」は，難問を避けて，容易な問題のみに取組むことを指している．

2）分析結果と仮説の検証

分析結果と仮説の検証は以下のとおりである．

仮説 1　拡張 GEMS は，サービスエラーの分類に適用可能である．

収集されたサンプルは，拡張 GEMS に基づいて分類された．したがって，仮説 1 は支持された．

仮説 2　ナレッジベースエラーは，顧客不満足の主要因ではない．

スチュアートの調査では，顧客不満足につながるヒューマンエラーの事例が収集されている．収集されたサンプルにおいて，スキルベースエラーは 49 あり，ルールベースエラーは 91 あり，ナレッジベースエラーに該当するものはみられなかった．以上の結果から，仮説 2 は支持された．

仮説 3　潜在的エラーは，顧客不満足の主要因ではない．

サンプル中，潜在的エラーに該当する事例は 15 件あった．潜在的エラーは，工場作業などをフィールドとする先行研究によって導出された概念である．工場作業とサービス業では，以下の点が異なる．第 1 に，サービス業の場合，エラー発生過程は複雑な因果関係の連鎖ではない．第 2 に，工場作業において，潜在的エラーはシステム側に内在する要因と定義されている．係員側に起因するヒューマンエラーとは異なる．サービス業の場合，係員のヒューマンエラーは捕捉可能である．しかし，システム側に内在する要因は判然としない．第 3 に，潜在的エラーは直接的な影響をもたらす要素ではない．したがって，仮説 3 は部分的に支持された．

仮説 4　カスタマーエラーとプロバイダエラーは，異なる傾向を示す．

第 1 に，サンプルを業種別に分類してカイ 2 乗検定が行なわれた．検定の結果，カスタマーエラーは，旅行と医療サービスにおいて顕著であった．飲食，宿泊，小売サービスでは僅少であった．第 2 に，サンプルをスキルベースエラー

とルールベースエラーに分類してカイ2乗検定が行なわれた．検定の結果，スキルベースのカスタマーエラーは僅少であり，ルールベースのカスタマーエラーは顕著であった．第3に，カスタマーエラーの多くはルールベースであることに着目し，まずサンプルの中から，ルールベースエラーのみが抽出された．ルールベースエラーを拡張GEMSに基づいて分類して，カイ2乗検定が行なわれた．検定の結果は以下のとおりである．カスタマーエラーでは「バイアスに基づく類型化」が顕著であり，プロバイダエラーでは「不十分な行動」が顕著である．以上の結果から，仮説4は支持された．

仮説5　エラーに起因する顧客への悪影響は，監視によって防止可能である．

仮説の検証のために，まずサンプルが，可視的エラーと非可視的エラーに分類された．可視的エラーは11件あり，非可視的エラーは90件あった．可視的エラーは監視可能であるが，非可視的エラーは監視できない．監視できない非可視的エラーが約9割を占めた．しかし，可視的エラーは，非可視的エラーよりもチェックが容易である．顧客に悪影響が及ぶ前に修正された可能性がある．分析は次のように行われた．

第1に，サンプルを業種別に6つに分類してカイ2乗検定が行われた．検定の結果，自動車関連サービスでは可視的エラーが顕著であった．ただし，サンプルの中で，自動車関連サービスにおける可視的エラーは3件のみであった．第2に，サンプルを拡張GEMSに基づいて分類して，カイ2乗検定が行われた．検定では有意な結果は得られなかった．第3に，サンプルをスキルベースエラーとルールベースエラーの2つに分類して，カイ2乗検定が行われた．検定では有意な結果は得られなかった．

以上の結果から，仮説5は部分的に支持されただけであった．

仮説6　レアケースの業務取扱中は，エラー発生頻度が高い．

　仮説の検証のため，まずサンプルがルーティンワークにおけるエラーと，レアケースにおけるエラーの 2 つに分類された．ルーティンワークにおけるエラーは65件あり，レアケースにおけるエラーは40件であった．レアケースのエラー件数が下回っていた．しかし，レアケースは名前どおり取扱自体が少ない．エラー件数は，エラー発生頻度を示しているとはいえない．したがって，サンプルがスキルベースエラーとルールベースエラーに分類された．レアケースでは，スキルベースエラーが 6 件あり，ルールベースエラーが34件であった．一方，ルーティンワークでは，スキルベースエラーが38件あり，ルールベースエラーが27件であった．カイ 2 乗検定の結果，レアケースにおけるスキルベースエラーは僅少であることが示された．この背景として，スキルベース行動は，慣れ親しんだ状況における半自動的行動であることが考えられる．レアケースとは不慣れな取扱である．スキルベース行動とは相容れない．

　以上の点を考慮して，ルールベースエラーのみを対象としてカイ 2 乗検定が行われた．検定の結果，レアケースの取扱の中では，「コミュニケーションの欠如」，「不十分な行動」，「バイアスに基づく類型化」の 3 つによるエラーが顕著であった．以上の結果から，仮説 6 は支持された．

仮説 7　複数のタスクを同時に実行すると，「干渉」エラーの発生頻度は高い．

仮説 8　複数のタスクを同時に実行すると，「知覚の混乱」エラーの発生頻度は高い．

　仮説 7 と仮説 8 の検証のために，複数のタスクを同時に実行していたか否かによってサンプルが分類された．複数のタスクを同時に実行していたケースが16件，実行していなかったケースが88件であった．まず，サンプルを拡張GEMS に基づいて分類して，カイ 2 乗検定が行われた．検定では，有意な結果は得られなかった．そこでサンプルを，スキルベースエラーとルールベース

エラーに分類してカイ2乗検定が行われた．検定の結果，複数のタスクを同時に実行する場合，スキルベースエラーが顕著であり，ルールベースエラーは皆無であった．

スキルベース行動は，半自動的な行動である．ルールベース行動は，短時間で意思決定をする行動である．人間は，意思決定をともなうタスクを複数同時に行う場合，意思決定を1つずつ順番に行っていると考えられる．複数の意思決定を同時に行っている訳ではない．人間は，複数のルールベース行動を同時に行うのではなく，ルールベース行動を1つずつ順番に行っているといえる．したがって，サンプルのうちスキルベースエラーのみを抽出し，次の2つのカイ2乗検定が試みられた．

第1に，サンプルを「知覚の混乱エラー」と「その他のエラー」に分類してカイ2乗検定が行われた．検定では，有意な結果は得られなかった．第2に，サンプルを「干渉エラー」と「その他のエラー」に分類してカイ2乗検定が行われた．同様に，有意な結果は得られなかった．以上のカイ2乗検定の結果から，仮説7と仮説8は，いずれも支持されなかった．

仮説9　サービスに対して顧客の参与が高い場合，「二重捕獲スリップ」が生じやすい．

仮説10　サービスに対して顧客の参与が高い場合，「中断後の再開における省略・欠落」が生じやすい．

仮説11　サービスに対して顧客の参与が高い場合，「当初の意図を失念」が生じやすい．

仮説9，仮説，10，仮説11の3つの検証のために，サンプルが顧客・代理による参与の高低（要因1）と拡張GEMS（要因2）に基づいて分類された．要因1は，「顧客の参与が積極的」，「顧客の参与が消極的」，「顧客の参与がなく，顧

客の代理の参与が積極的」,「顧客の参与がなく, 顧客の代理の参与が消極的」,
「参与なし」の5つの水準から成り立っている. 他方, 要因2は15の水準から
成り立っている. カイ2乗検定の結果,「中断後の再開における省略・欠落」,「当
初の意図を失念」と「コミュニケーションの問題」が有意であった. しかし,
要因1が5水準, 要因2が16水準あり, d.f.=60であることと, 該当例が0とな
るセルが多いことから, 信頼性に問題があると考えられた. そこで以下のよう
にサンプルの分割が行われた. (1)サンプルは「スキルベースエラー」と「ルー
ルベースエラー」に分類された. (2)サンプルは「顧客の参与があるもの」
と「顧客の参与がなく, 顧客の代理の参与があるもの」に分類された. (3)
サンプルは「顧客または代理の参与が積極的」と「顧客または代理の参与が消
極的」に分類された.

(1) 顧客／代理

　第1に, 要因1を「スキルベースエラー」と「ルールベースエラー」の2つ
の水準, 要因2を「顧客の参与があるもの」と「顧客の参与がなく, 顧客の代
理の参与があるもの」の2つの水準とするカイ2乗検定が行われた. 検定の結
果, スキルベースエラーに特段の傾向はみられなかった. 一方, 顧客の参与が
ある場合, ルールベースエラーが顕著であることが示された.「スキルベース
エラー」と「ルールベースエラー」の2水準による分類は適切であった.

　第2に,「スキルベースエラー」のみによるカイ2乗検定が行われた. 要因
1は拡張GEMSに示されたエラーパターンの7つの水準, 要因2は「顧客の
参与があるもの」と「顧客の参与がなく, 顧客の代理の参与があるもの」の2
つの水準であった. 検定では, 有意な結果は得られなかった.

　第3に,「ルールベースエラー」のみによるカイ2乗検定が行われた. 要因
1は拡張GEMSに示されたエラーパターンの8つの水準, 要因2は「顧客の
参与があるもの」と「顧客の参与がなく, 顧客の代理の参与があるもの」の2

つの水準であった．検定の結果，代理の参与がある場合，「コミュニケーションの問題」によるエラーが顕著であることが示された．この背景として，代理の参与がある場合，バックオフィスとの連絡が増えることが考えられる．

（2）スキルベースエラー／ルールベースエラー

要因1は「スキルベースエラー」と「ルールベースエラー」の2つの水準，要因2は「顧客の参与が積極的」，「顧客の参与が消極的」，「顧客の参与がなく，顧客の代理の参与が積極的」，「顧客の参与がなく，顧客の代理の参与が消極的」，「参与なし」の5つの水準とするカイ2乗検定が行われた．検定の結果，「顧客の参与が消極的」と「顧客の参与がなく，顧客の代理の参与が消極的」の場合，スキルベースエラーが顕著であり，ルールベースエラーが僅少であることが示された．また「顧客の参与が積極的」の場合，ルールベースエラーが顕著であることが示された．参与の高低による分類は適切であった．

（3）積極的／消極的

要因1は拡張 GEMS に示されたエラーパターン（10個の水準），要因2は「顧客または代理の参与が積極的」と「顧客または代理の参与が消極的」の2つの水準とするカイ2乗検定が行われた．結果は有意であった．しかし，先に述べたとおり，「顧客の参与が消極的」の場合と「顧客の参与がなく，顧客の代理の参与が消極的」の場合，ルールベースエラーはいずれも僅少であった．そこで，スキルベースエラーのみによるカイ2乗検定が行われた．検定の結果，「当初の意図を失念」は，顧客または代理の参与が積極的である場合に僅少であった．また，消極的である場合に顕著であることが示された．この背景として，積極的に行われているタスクは，消極的なタスクよりも忘れられる可能性が低いことが考えられている．

なお，「二重捕獲スリップ」と「中断後の再開における省略・欠落」に関し

ては，有意な結果は得られなかった．背景として，サービス業では顧客と係員
が接触する点があげられる．顧客は係員の作業を中断させることがある．これ
はエラー要因となる可能性がある．一方，顧客はリマインダの役割を果たす．
これはエラー防止に寄与する可能性がある．以上の結果から，仮説 9 と仮説10
は支持されなかった．他方，仮説11は部分的に支持された．

　以上の分析結果から次の 2 点が示唆されている．

　第 1 に，スキルベースエラーとルールベースエラーの予測は，比較的容易で
ある．ナレッジベースエラーは予測困難といえる．しかし，顧客満足に影響を
及ぼすことは少ない．潜在的エラーは把握が難しいが，顧客満足に直接影響を
及ぼすことはない．

　第 2 に，スキルベースのカスタマーエラーは，顧客満足に影響しない．（1）
エラーが他の顧客にも影響を及ぼす場合，（2）エラーによって利便性が損な
われる場合，（3）エラーによって価格が上昇する場合の 3 つの場合を除いて，
サービス事業者が関与する必要はない．一方，ルールベースのカスタマーエラー
は，顧客満足に影響する．顧客は，サービス事業者に責任があると考える傾向
がある．したがって，プロバイダエラーとルールベースのカスタマーエラー対
策が肝要である．

3）　エラー防止策

　最後に，スチュアートはエラー防止策を提示している．

（1）スキルベースのプロバイダエラー対策

　「省略・欠落」，「二重捕獲スリップ」，「当初の意図を失念」の 3 つが主要課題
である．日常業務において，タスクの多くはスキルベースのルーティンワーク
である．単純なスリップを防ぐためには，フェイルセーフ・システムが有効で
ある．多段階かつ分岐点の多いタスクでは，分岐点をわかりやすく明示して，

間違いを防ぐことが求められる．多段階かつ不連続なタスクでは,「省略・欠落」を防ぐ対策が重要である．開始から完了まで時間を要するタスクや，リマインダ（顧客など）が存在しないタスクでは,「当初の意図を失念」を防ぐために，現在の進行状況をわかりやすく明示することが求められる．

（2）ルールベースのプロバイダエラー対策

この対策の場合，①コミュニケーションの失敗，②コミュニケーションの欠如，③不十分な行動の３つが主要課題である．

最初に，①のコミュニケーションの失敗に関して説明されている．情報は十分に提供しなければならない．しかし，過剰な情報は混乱を招く．また，情報提供に用いるメディアの選択も重要である．情報のタイプによって，ふさわしいメディアが異なる．例えば，ビジュアルな情報は，電話で伝達することはできない．さらに，人間の情報処理能力にも配慮する必要がある．情報量が多い場合や，微妙なニュアンスを含む情報の場合，情報伝達の過程で情報は変質する．いわゆる伝言ゲーム問題である．

第１に，記録媒体などを併用することが求められる．第２に，フロント係員，コーディネータ，バックオフィスといった階層に応じて，取扱う情報を分担する方策が考えられる．コーディネータは，支店レベルの意思決定者などを指している．例えば，A鉄道会社の窓口の場合，バックオフィスは指令所を指している．コーディネータは，フロントとバックオフィスの間で，流通させる情報の取捨選択と翻訳を担う．フロントで取扱う情報を簡素化することが望ましい．第３に，フロント係員には顧客に提供する情報の取捨選択と翻訳が求められる．

次に，②のコミュニケーションの欠如と③の不十分な行動に関して説明されている．

商品設定において，オプションや選択肢の多様化は，競争戦略上重要である．

しかし，取扱が複雑化するうえ，顧客からの問い合わせも増加する．したがって，②の「コミュニケーションの欠如」と③の「不十分な行動」を招きやすく，エラーや顧客離れの要因となる．顧客の問い合わせに対して，即座に十分な情報提供を行う体制が必要である．しかし，レアな問い合わせまでも網羅すると，現場は情報のオーバーフローに直面する．現場では，独自に情報の取捨選択が行われる．取扱件数の少ないオプション等は整理して，競争戦略上不可欠なものに絞り込むことが望ましい．併せて，エラー防止のためのシステム強化が求められる．

（3）スチュアートの研究の意義

　以上，詳細に検討してきたスチュアートの研究の意義は，次の2点に要約される．第1に，組織内コミュニケーションとヒューマンエラーの関係性について詳述している点である．第2に，顧客に起因するヒューマンエラーを分析した点である．サービス・デリバリーは，顧客と係員の相互作用をともなう．ヒューマンエラーは，サービス事業者に起因する場合と顧客に起因する場合がある．顧客に起因するヒューマンエラーの分析は，サービス・デリバリーの特性に着目した成果といえる．

　4　リーズンの研究，チェンの研究およびスチュアートの研究の整理

　上で，順次，検討してきた3つの研究は，いずれもヒューマンエラーを対象としたものである．ヒューマンエラーは，現場作業の中で発生し，組織有効性を低下させる．エラー要因は必ずしも本人に帰属するものではなく，多角的な要因分析が求められる．3つの研究では，さまざまな角度から要因の分析が行われている．リーズンの研究，チェンの研究，スチュアートの研究の3つの研

究の内容は，表2-7のように整理される.

リーズンの研究は，マネジメント，局所的作業環境，人間特性の3つを考慮したものである．ただし，リーズンの研究では，航空，鉄道，大規模プラントの業務を主な対象としており，サービス業は含まれない．一方，チェンの研究とスチュアートの研究は，いずれもリーズンの枠組を踏襲しつつ，サービス業を分析対象としている．このうち，チェンの研究は，リーズンが提示した概念である潜在的エラーを重視する．リーズンはエラーを即発的エラーと潜在的エラーに分類する．即発的エラーは，人間が行う不安全行為である．潜在的エラーは，不安全行動の背後にある局所的作業環境要因および組織的要因を指している．サービス業における即発的エラーとしては，係員の誤案内が代表的である．航空，鉄道，大規模プラントにおける即発的エラーは，環境汚染や人的被害など重大な結果を及ぼす．他方，サービス業における即発的エラーの被害は，個別の軽微なものに留まる．したがって，チェンは，さまざまな形で顕在化する潜在的エラーをより重視する.

スチュアートの研究は，リーズンのGEMSを応用する．GEMSは，ヒュー

表2-7　3者の研究の比較

	リーズンの研究	チェンの研究	スチュアートの研究
人間特性の考慮	あり	あり	あり
経営管理の視点	あり	ややあり	なし
組織間関係の考慮	規制機関	納入業者	なし
外部組織の位置付け	与件	与件	——
分析枠組	組織事故発生メカニズム	CAMSEモデル、サービスステージとサービス品質のモデル	拡張GEMS
顧客満足の考慮	——	あり	あり
顧客満足とヒューマンエラーの分離	——	なし	なし

出所：筆者作成.

マンエラーの要因として人間の認知メカニズムに着目し，認知エラーのパターンを詳述したものである．スチュアートの研究は，即発的エラーのメカニズムを重視するものといえる．ただし，即発的エラーは，潜在的エラーが具現化したものである．即発的エラーの検討は，背後の潜在的エラーを探る契機となりうる．

　チェンの研究とスチュアートの研究では，組織間環境（外部組織）の影響に対する考慮は少ない．スチュアートは組織間環境の影響を検討対象としてはいない．チェンの研究は，当初の分析枠組では組織間環境を明示していない．しかし，調査結果を考慮して，組織間環境の影響に言及している．具体的には，旅行取扱業務におけるヒューマンエラー要因として，納入業者の存在をあげている．しかし，納入業者は旅行代理店サイドのコントロールが及ばないと指摘している．資源依存モデルでは，組織間環境を操作可能な存在として考慮している．他方，チェンの研究は，組織間環境を与件としている．

　以上本節では，ヒューマンエラーに関する 3 つの先行研究を詳細に検討した．ヒューマンエラー研究は，人間工学や認知心理学などの立場によるものが中心である．リーズンの研究は，これらの学問領域において最も重要視される研究である．

　ヒューマンエラー研究のフィールドは，工場作業，管制室業務，医療看護などが主流である．接客サービスを対象とした研究は僅少である．スチュアートは，その背景として次の 2 点をあげている．第 1 に，ヒューマンエラーであるか否か，あるいは許容できるか否かは，顧客によって判断が異なるからである．第 2 に，顧客がエラーの原因となることがあるからである．顧客満足も顧客の評価に依存するため，ヒューマンエラーと顧客満足は類似の概念であることが指摘されている．

注

1）（1）不条理な責任追及を指している．その人の責任ではないにも関らず，責任を転
　嫁して追及するなどのケースが該当する．立場の弱い者はターゲットとされやすい．

2）業務改善のために自らが経験したヒヤリハットを報告したところ，ヒヤリハットの発
　生について叱責されるなどのケースが該当する．作業者からの積極的な報告や提案が阻
　害される．

3）ヒューマンエラーが発生した場合，ヒューマンエラーを発生させた本人の責任追及に
　終始するなどのケースが該当する．責任追及よりも，ヒューマンエラーを業務改善の契
　機と捉え，背景要因の究明を行い再発防止に努めることが重要である．

4）過信，楽観，思い込み，合意性バイアス効果があげられる．合意性バイアス効果とは，
　「みんなやっている」という意識を指している．違反者は，同様の違反者の存在を過大
　に見積もる傾向がある．

5）例えば，作業時間が足りずに焦るケースがあげられる．所定の手順を省略するなどの
　違反が生じやすい．

6）曖昧・冗長な手順書は，エラー要因となりやすい．手順書に忠実に従うと時間がかか
　りすぎるなどの場合，現場ではダブルスタンダードが常態化する．また，経験者ほど手
　順書を参照しなくなる傾向がある．

7）自分ならできるという過信を指している．過去の成功体験はキャンドゥ態度を生むこ
　とがある．

8）正規のスペアは入手しやすいかどうか．例えば，正規の道具や設備が使用できない場
　合，規格外の手近な代用品を用いるといった違反が生じやすい．

9）知識不足や経験不足は，初心者にありがちなエラー要因であるが，ベテランも例外で
　はない．ベテランは，やり甲斐のある非ルーティン作業を好むことがある．習熟した作
　業ではないため，ベテランであってもナレッジベースのミステイクを起こしやすい．

10）頻度の低いタスクは，不慣れなためナレッジベースのミステイクを生むことがある．
　一方で頻度の高いタスクは，スリップやラプスを生むことがある．

11）注意力などが最も低下する時間帯を指している．

12）協働における連絡不十分や調整の失敗など．勘違いや遠慮，システムの不具合，コミュ
　ニケーションチャンネルの支障などが背景となる．

13）システム設計においては，ユーザーの視点を配慮する必要がある．不適切なシステム
　設計は，エラー要因の１つである．「実行における隔たり」（使い方がよくわからない），
　「評価における隔たり」（状態がわかりづらい）の次元から捉えることができる．

14）意識作業領域とは，感覚器（視覚，聴覚，味覚，触覚，嗅覚と，さまざまな位置・動
　作に関するもの）を介して脳に到達した知覚データのうち，注意フィルタによって選別
　された一部が送られる領域である．意識作業領域では，長期記憶（知識ベース）に貯蔵

された情報を利用して思考，推論，判断を行う．次いで手足，発話といった出力機能に直接働きかけて相当の動作や発話を行わせる．意識作業領域には時間的制約,容量制約,内容的制約がある．制約を超過すると，忘れる，間違えるなどの現象が生じる．

15）注意力には，（1）一点に集中すると周囲への注意が散漫になる，（2）持続させることが難しいなどの性質がある．

16）異状等の検出頻度が低い監視業務では，監視員は時間の経過とともに誰の目にも明らかな異状を見落とす傾向が生じることが知られている．

17）覚醒水準が低い場合，パフォーマンスの質は低い．注意を集中することが難しいからである．一方で，覚醒水準が高すぎる場合にもパフォーマンスの質は低下する．注意力が一局集中となり，周辺への注意が低減するためである．

18）Rasmussen（1983）．

19）例えば，交差点を曲がる際，どのポイントでどの程度ブレーキとハンドルを操作するかなど．

20）面倒であったり仕事を早く終わらせたいための短絡的行動，あるいは自身のスキルを他に顕示したいための行動など．

21）スピード違反などが該当する．

22）手順書に則して作業を行うとタイムリミットに間に合わないため，定められた手順を省略するなど．

23）リーズンによれば，以下の理由により，規制者は期待された役割を果たすことが難しい．（1）規制者に対する資源配分の削減にともない，作業負荷が増大している．（2）規制される側は，規制者を迷惑な存在と捉えている．一方，規制者は，立入検査等の際に，規制される側の協力を必要とする．社内的な特殊用語の意味を尋ねるケースが考えられる．（3）事故には，複雑なメカニズムを経て発生するものがある．複雑なメカニズムほど，事前に予測することが難しい．複雑なメカニズムの存在は，事故が発生して初めて明らかとなる．高度先端分野において，規制者が定める安全基準および規制者による検査指導は，限定的な有効性しか得られない．

24）George & Jones（1991）．

25）Gronross（1984）．

26）George & Jones（1991）．

27）Bitner, Booms, & Tetreault（1990），Kelley, Hoffman & Davis（1993），Bitner, Booms & Mohr（1994）．

28）Reason（1990）．

29）藤村（2004）．

30）Reason（1994）．

31）意識作業領域の説明に関しては，注14.

サービス組織における
ヒューマンエラーの要因と理論的枠組
——組織間環境・マネジメント・局所的作業環境に注目して——

◤ 1　組織間環境・マネジメント・局所的作業環境に着目して

　サービス・デリバリー・プロセスにおいては，（1）顧客と係員の相互作用
が行われ，（2）顧客，係員，あるいは設備・機器の協働が存在する¹⁾．このサー
ビス・デリバリー・プロセスを展開するサービス組織は，フロントオフィスと
バックオフィスによって構成される．フロントオフィスとは，直接，顧客接遇
を行う部署である．他方，バックオフィスとは，顧客接遇を行わない部署であ
る．バックオフィスは，直接支援型のバックオフィスと間接支援型のバックオ
フィスの2つに分類される²⁾．直接支援型のバックオフィスは，フロントオフィ
スの活動のために不可欠な存在である．スーパーや百貨店の仕入れ担当部署な
どがこれに当てはまる．間接支援型のバックオフィスは，フロントオフィスの
活動と直接の関わりをもたない経理，人事，施設管理，市場調査担当部署がこ
れに当てはまる．

　チェンは，上述のように，旅行代理店の店頭業務の調査研究において，
CAMSE モデルを提示した．CAMSE モデルは，旅行代理店の店頭業務を構成
する要素として，利用者 (C)，店頭係員 (A)，端末 (M)，店頭係員を対象とし
たサポート部門 (S) を取りあげ，これら要素間の関係性を図示したものである．
旅行代理店の店頭業務は，C，A，M，S の各要素間の相互作用を通じて遂行
される．なお，CAMSE モデルでは，C，A，M，S の相互作用に対して影響

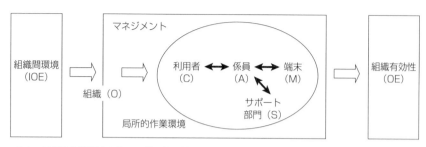

↔ 局所的作業環境の中での利用者, 係員, 端末, サポート部門の4つの要素間の相互作用
⇨ 要素間の影響関係

図3-1　本書の理論的枠組

出所：筆者作成.

を及ぼす組織間環境とマネジメントのそれぞれの影響は考慮されていない.

　リーズンは, 上述のように, マネジメント（組織の意思決定, 進歩した情報通信技術の組織による採用, コミュニケーション, 経営管理活動等）は, 局所的作業環境に影響を及ぼし, この局所的作業環境は, その中で働く人間（係員）の行動に影響を及ぼすものとして捉えている. なお, リーズンは, 組織間環境（外部組織）を限定的にしか考慮していない. 他方, ディマジオ＆パウェルは, 組織間環境をより重要なものとして捉えている, 彼らによれば, 組織は, より上位の組織の影響力, 社会的要請, 諸政策（規制・税制等）に対応可能な場合にのみ存続できる[3].

　以上の考察に基づいて, 本書では, 図3-1に示すような理論的枠組を提示する. 以下, この図3-1を簡単に説明する.

　左端の長方形は組織間環境（IOE）[4]を, 中央の長方形は組織（O）をそれぞれ指している. この組織（O）においては, マネジメントが不可欠な活動として展開される. 楕円で示される局所的作業環境の中で展開されるサービス窓口業務は, 利用者（C）, 係員（A）, 端末（M）, サポート部門（S）から成り立っている. そして, 右端の長方形は, ヒューマンエラーの欠如と利用者満足から成る

組織有効性（OE）[5]を指している.

　このうち，組織間環境（IOE）は，組織（O）のマネジメントに影響を及ぼす．このマネジメントは，局所的作業環境に影響を及ぼす．この局所的作業環境の中で，①利用者(C)―係員(A)間の相互作用，②係員(A)―端末(M)間の相互作用，③係員(A)―サポート部門(S)間の相互作用が展開される．最終的に，これら相互作用の結果として，組織有効性（OE）が達成される.

　この理論的枠組は，チェンのCAMSEモデルを拡張・改定したモデルであり，次の2つの特徴を持っている[6].

　第1に，サービス窓口業務を担う係員の環境要因として，組織間環境，マネジメント，局所的作業環境の3つが考慮されている点である．これら3つは，サービス窓口業務に対してタスクの多様性を生み出す主要な要因である．このうち，組織間環境に起因するタスクの多様性要因を「組織間環境要因」，マネジメントに起因するタスクの多様性要因を「マネジメント要因」，局所的作業環境に起因するタスクの多様性要因を「局所的作業環境要因」とそれぞれ呼ぶ.

　これら3つのタスクの多様性要因は，必ずしも具体的な問題（業務の遅滞など）を顕在化させるとは限らない．問題が起こらないよう，さまざまな防護が機能するからである．防護としては，ルールの改正，複数回あるいは複数の係員によるチェック作業，係員が自身の経験から編み出した工夫などがあげられる．しかし，確率的に，これらのさまざまな仕組みをすり抜け，問題が顕在化する場合がある．上述のように，リーズンは，問題が確率的に顕在化するプロセスを，スイスチーズモデルによって説明している（図2-1）.

　第2に，サポート部門（S）が考慮されている点である．CAMSEモデルに基づくチェンの先に検討した実証研究では，サービス・デリバリー・プロセスにおけるサポート部門の役割は極めて小さかった．他方，A鉄道会社の窓口業務の事例研究においては，後方支援と指令の役割は大きかった．また，B図書館の窓口業務の直接観察においても，サポート部門のサービス・デリバリー・

プロセスにおける役割は，決して小さくはなかった．したがって，チェンの実証研究の結果を考慮しつつも，サポート部門（S）は，本書の理論的枠組の中に含められた．

係員（A）―サポート部門（S）間のコミュニケーションは，多くの方法を通じて行われる[7]．取扱に疑義が生じた場合，係員（A）は，現場の上司や先輩に指示を仰ぎ，疑問点を解決する．この時，face-to-face のコミュニケーションが生じる．他方，上司や先輩にも判断しかねる場合には，係員（A）は，電話で上部あるいは担当部署の指示を仰いで問題を解決する．この時，他部署との電話によるコミュニケーションが生じる．

▶ 2 サービス組織におけるヒューマンエラー分析の手法

1）事例の選択

事例研究は，特定の現象が「なぜ」そして「どのようにして」生じるのかを問うための研究方法である．その特徴は，単一あるいは複数の事例を狭く深く考察することにある．

本書の目的は，制度志向サービス組織におけるヒューマンエラーの一因ともなるタスク多様性の規定要因の析出を試みることである．この目的を達成するために，「A 鉄道会社の窓口業務」と「B 図書館の窓口業務」の2事例を選択した．選択の理由は，次の3つである．

第1に，「A 鉄道会社の窓口」と「B 図書館の窓口」は，いずれも制度志向サービス組織の窓口である点である．伝統的に，制度志向サービス組織では，制度の遵守を第1としており，顧客満足の考慮は十分ではなかった．

第2に，A 鉄道会社と B 図書館は，大きな制度変化を経験し，現在，その制度変化はいずれの窓口業務にもさまざまな影響を及ぼしている点である．A

鉄道会社は運輸行政の転換に端を発して，他方，B図書館は独立行政法人化等に端を発して，直接の顧客のみならず，広く公衆に対する社会的な配慮が求められることとなった．また，両者はともに，2020年春に始まる新型コロナウィルス感染症を契機として，対面サービス業務のあり方について，その必要性，あり方，代替可能性の検討を迫られることとなった．

　第3に，2つの窓口業務に関して，筆者は種々の知識・経験を持っている点である．筆者は，鉄道会社の窓口業務にも関連する「国内旅行業務取扱管理者資格」を有している．他方，筆者は，B図書館係員として1年6か月にわたり勤務した経験を有している．

2）データ収集

　先に述べたように，ヒューマンエラーは個々の作業者や作業現場に起因するとは限らない．ヒューマンエラーの背後には，マネジメント要因が存在することがある．本書においても，窓口エラーの要因として組織および組織間環境の影響に着目している．組織の枠を超えて，広範なエラー要因が検討された．以上の点を考慮した場合，本書の調査方法としては，広範な事情を知る担当者への聴取調査が最適と判断される．

　そこで，A鉄道会社の場合，聴取調査は2007年4月，広報部署を通じた準構造化インタビューが試みられた．このインタビューの結果を，その後の理論の精緻化の一助とした．

　B図書館の窓口業務の場合のデータ収集に関しても，まず，①ライブラリアンを対象に準構造化インタビューが試みられた．なお，上述のように，筆者は，B図書館において1年6か月にわたり勤務した経験を有する．この日々の勤務に際して，筆者は，B図書館の窓口業務の直接観察を試みた．したがって，B図書館の窓口業務の事例は，①ライブラリアンに対する聴取調査，②直接観察において収集されたデータ，③B図書館の通史や各年度の年度報等の公開資

料の参照の3つに基づいて記述された.

注
1）藤村（2004）.
2）斎藤（1997）.
3）DiMaggio & Powell（1983）.
4）I̲nterorganizational E̲nvironment のアンダーラインの3文字を指している.
5）O̲rganizational E̲ffectiveness のアンダーラインの2文字を指している.
6）この理論的枠組は，赤岡（2007）において，A鉄道会社の窓口業務を分析した際の理論的枠組でもある.
7）Stewart（2000）.

第 **4** 章

A鉄道会社の窓口業務の事例研究

1 運送約款と窓口業務の概略

1）特例や例外規定の累増

　A鉄道会社の運送約款は，きっぷの取扱に関する中心的なルールである．A鉄道会社の現行の運送約款である旅客営業規則の制度体系は，1979年に定められたものである．1979年以降，組織分割が行われた際も旅客営業規則は基本的にグループ各社間で共通とされ，新線・新駅の開業や改廃，利用実態を踏まえた対応などにより改定を重ね，現在に至っている．

　特例や例外規定は，制度改定によって累増する傾向にある．特例や例外規定の累増の原因として，①長きにわたり，各社共通の規則規程を運用し続けることに無理が生じてきたこと，②1979年当時の利用実態や運行体系を反映したルールが，現在の利用実態や運行体系と齟齬を来していることがあげられる．

　例えば，A鉄道会社旅客営業規則によると特急・急行券は，原則として乗車する列車ごとに発売する．したがって，複数の特急・急行列車を乗り継ぐ場合は，乗車する特急・急行列車ごとに特急・急行券を購入しなければならない．この規定は，旅客都合で複数の特急・急行列車に乗車する場合には妥当なものといえる．例えば，A駅からC駅まで特急・急行列車での旅行を行う場合で，途中のB駅にて所用のため下車するために，A駅→B駅間とB駅→C駅間において，別個の特急・急行列車に乗車するケースが該当する．

　しかし，必ずしも旅客都合とはいえない乗継ぎの場合であっても，原則は同じである．例えば，A駅からC駅まで，特急・急行列車での旅行を行う場合，A駅→C駅間を直通して運転する特急・急行列車がないために，途中のB駅にて2本の特急・急行列車を乗り継ぐケースが該当する．特段の規定がない限り，旅客はA駅→B駅間とB駅→C駅間の2枚の特急・急行券を，特急・急行列車ごとに購入しなければならない．なお，近鉄特急など，乗継ぎを前提とした運行体系を組成したうえで，乗継駅において30分以内に複数の特急列車を乗り継ぐ場合は，全区間通しの特急券を発売する社もある．

　さらに，利用実態の変化を踏まえて列車の運行体系が見直されたために，全区間を直通して運転される特急・急行列車が廃止されたケースも同様である．利用実態の変化は，他の交通モードとの競争の表れでもある．

　かつては，長距離の旅行の場合にも鉄道利用とすることが一般的であった．鉄道による長距離旅客輸送の低落の原因としては，地方空港の整備や航空運賃の相対的下落があげられる．スピードを求める長距離旅客の空路利用が一般化したほか，規制緩和に端を発する格安航空会社の登場や航空各社の競争激化，多様な割引制度の拡充，さらには格安旅行商品の登場や，株主優待券などを取扱う金券ショップの急成長などの要因によって，工夫次第では空路が鉄道よりも格安となるケースも出てきたこともあげられる．また，1980年代後半以降，新たな交通モードとして長距離バス路線が急成長し，時間的余裕のある旅客や,低価格を重視する旅客などの支持を集めるようになったこともあげられる．

　鉄道による長距離旅客輸送が減少するにつれ，鉄道による長距離旅客輸送が一般的であった時代から運転されていた長距離列車は，途中の主要駅で多くの乗客が入れ替わるという利用実態となっていた．すなわち，所要時間3時間程度の区間を運転する複数の列車を，便宜上つなげただけとなった．

　鉄道による長距離旅客輸送の要請が減少すれば，長距離を通して運転する列車を維持し続ける必要はない．定時運行の日はよいが，ダイヤが大幅に乱れた

場合が問題である．遠方まで遅れを引きずるために，広範囲にわたって運転整理の必要が生じる．また，前途の駅から乗車予定の旅客に対する手当てが必要となる．長距離列車は，運転面での負担も大きく，運転区間短縮や廃止が進行した．

　従来の直通特急が運転区間短縮・廃止となったために，複数の特急列車の乗継ぎが生じるケースは各地にみられる．特急列車の乗継ぎは，必ずしも旅客都合によるものではない．しかし，原則は同じである．特急・急行券は，原則として列車ごとに必要である．

　一方，A鉄道会社の旅客営業規則（以下，条文については「規」と略記）第57条第2項各号では，例外的な規定を定めている．すなわち，規第57条第2項各号に該当する場合は，複数の特急列車を乗り継ぐ場合であっても，全区間通しの特急券が発売される．

　第1号（新幹線の乗り継ぎ）は組織分割以前からの規定であるが，第2号〜第9号は，組織分割後のグループ新会社の事情に基づき制定された．

　第1号は新幹線の特別ルールとして総括することも可能であるが，第2号〜第9号はいずれもローカル色の強い規定である．地元以外の駅等では，まれな取扱に属するものであろう．しかし，旅客営業規則はA鉄道会社を含む，グループ各社共通である．これらの例外規定も，グループ全社の制度改正に盛り込まれる．A鉄道会社を含む，グループ各社の特急券は全国の駅等で取扱うため，地元以外の駅等においても，旅客からの請求があれば規則を正しく運用して対応することとされている．日頃使わない特殊なルールの的確な運用は，係員にとって難しい面もある．営業事故の要因となることがある．

　2）ローカルルール

　現在，制度改正の困難さから，グループ全社同時となる制度改正を伴わずに，自社のみの通達レベルで緩和規定を設ける事例が発生している．しかし，通達

による処理にも問題点がある．事実上のローカルルールとなるため，他地域において混乱を生じさせる一因となるからである．

　他社で独自のローカルルールが運用されていたとしても，必ずしも連絡が来るわけではない．このため，他社管内で問題を引き起こすことがある．例として，旅客営業規則の定めに関わらず，東京駅でのみ途中下車を認めるというローカルルールの例が指摘されている．

　例えば，横浜市内→名古屋市内という普通乗車券の場合，旅客営業規則上は横浜市内の駅または名古屋市内の駅で下車すると，前途は無効となる．

　ただし，発駅側の特定都区市内の駅での下車については，救済規定が設けられている．例えば，本乗車券にて根岸駅（横浜市内）から旅行を開始し，同じ横浜市内の駅である関内駅で下車する場合，根岸→関内間の別途運賃を支払うことにより，乗車券は使用開始前と同一の効力をもつものとして取扱われる．

　なお，東京都区内発となる普通乗車券の場合，東京駅での下車に際しては，例外的な取扱が行われることがある．下車の際に，別途運賃を収受しない．これは，東京駅での下車の要望が多かったためとされる．

　この例外的取扱は，A鉄道会社を含むグループ全社において発売された普通乗車券に対しても適用される．例えば，大阪駅で発売された大阪市内—東京都区内の往復乗車券の「かえり」券片にも適用される．

　しかし，この例外的取扱は，グループ全社の旅客営業規則や基準規程には収録されているわけではない．東京駅，大阪駅は，同一グループ会社の駅ではあるものの，あくまで別会社に所属する駅である（東京駅はX鉄道会社，大阪駅はY鉄道会社）．大阪駅の係員が大阪市内—東京都区内の往復乗車券を発売する際，大阪駅の係員はY社の旅客制度にしたがって業務を遂行しているのであり，X社サイドの例外的取扱にしたがって業務を遂行するわけではない．もしも大阪駅の係員が，旅客から「かえりの券片で新宿駅から乗車後，東京駅で追加額なしで途中下車できるか」と問われた場合，原則どおり「別途運賃が必要」と答

えるのが制度上正当である．この対応はヒューマンエラーではない．しかし，実際には現地では別途運賃なしでの途中下車が認められている，という矛盾が生じる．

　ヒューマンエラーとはいえないものの，旅客の納得を得られるものとはいえない．しかし，大阪駅の係員が，仮に東京駅の例外的取扱を知っていたとしても，それが正式ルートを通じて通達されたものでない限り，旅客に対して案内することは慎重を要する．このようなケースでは既に例外的取扱が変更されており，時代遅れとなっている可能性が常につきまとうからである．

　旅客の旅行区間によっては，きっぷはグループ各社にまたがるものとなる．したがってグループ各社で規定がバラバラであると不都合を生じる．旅客営業規則や基準規程はグループ各社共通となっており，不都合の発生は抑えられている．本例のような例外は問題の一因となることがある．いくら同一グループとはいえ，例外的取扱をグループ内の他社にまで仔細に通達しているわけではない．また，仮に通達したとしても，現地の係員は他社の例外的取扱まで習得することを求められるから，新たな負担を強いられることとなる．

3）グループ各社による異なる運用

　旅客制度の複雑さを示す例として，グループ各社共通の規定であるものの，各社によって必ずしも運用が同一ではない事例がある．

　例えば，近江今津→小田原間の旅行で，近江今津→京都間を普通列車利用，

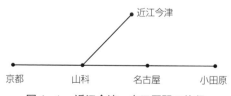

図4-1　近江今津→小田原間の旅行
出所：筆者作成．

京都→小田原間を新幹線利用とするケースが検討される.

　規第16条の2第1項第1号の定めにより,東海道新幹線は東海道本線と同一として扱われる.湖西線と東海道本線の分岐駅は山科であることから,本例では山科—京都間が重複乗車である.

　近江今津→小田原間の普通乗車券は,近江今津→山科→小田原という経路で運賃計算されており,山科—京都間の往復乗車にかかる営業キロや加算額等は含まれていない.本来であれば,近江今津→小田原間の普通乗車券では,山科—京都間の区間外乗車はできない.旅客は山科—京都間の往復乗車に有効な乗車券を用意するか,または京都駅を経由しないで近江今津→山科→米原と乗車のうえ,米原以東の新幹線各駅にて新幹線に乗り換えることとなる.

　しかし,山科—京都間の区間外乗車は,必ずしも旅客都合によるものとは言えない.新幹線が路線の分岐駅である山科駅に停車しないため[1),山科駅での乗継ぎはできないという事情がある.

　本例のような事情を考慮して,区間外乗車を認める緩和規定として基準規程第151条が制定された.近江今津→小田原間の普通乗車券の場合,別途運賃を支払うことなく山科—京都間をそのまま乗車することができる.ただし,区間外乗車となる山科—京都間において途中下車することはできない.

　基準規程第151条は,グループ各社共通の規定である.しかし,重複乗車をして,なおかつ途中下車することを可能とするか否かなど,運用が異なるものがある.すなわち,山科駅で途中下車をしたうえで,なおかつ山科—京都間の区間外乗車をすることが可能かという問題である.

4) システム開発会社との組織間関係

　窓口業務は業務用端末を用いて実行される.窓口業務の改善には端末の改善が寄与する.改善の際は,業務の実態を反映させることが必要となる.端末はグループ内の別会社が開発を行っている.システム開発会社との関係として,

端末に関する要望等は，改修の際に書面により提出されている．

5）タイムプレッシャー

　人員配置の問題は，現場係員のタイムプレッシャーを招く．タイムプレッシャーは，局所的な作業環境要因である[2]．本章では，現場係員のタイムプレッシャーを，①組織的なタイムプレッシャーと②局所的なタイムプレッシャーの2つのタイプに分類する．ここでは，①の組織的なタイムプレッシャーを検討する．

　①の組織的なタイムプレッシャーは，会社の人員配置計画によって生成される．すなわち，仕事量に対して人員配置が少ない場合の負担である．小駅では，出札，改札，電話応対，清掃など，多岐にわたる業務を小人数でこなさなければならない．組織的な性格の強いタイムプレッシャーといえる．

　なお，タイムプレッシャーは，駅の規模によって異なる．大駅は，多数の係員による分業制である．大駅の係員に対しては，見習い期間中から慌てないこと，正確を期すことを重視して指導している．年齢やキャリア等により個人差があるが，大駅の係員にはタイムプレッシャーが少ない．

　小駅では，出札・改札のほか，電話応対や清掃など，多岐にわたる業務を少数の係員で行う．小駅では迅速な取扱を指示している．係員は作業ダイヤに沿って清掃や，事業便への日報等の積み込みなどを遂行している．「数分後の列車で，車椅子による乗降のサポートを予定しているが，窓口では乗客の列ができている」などの場合，タイムプレッシャーが生じる．多様な業務の集中による小駅係員の負担軽減，あるいは多岐にわたる業務に対応するための社員教育の軽減等の理由により，2019年頃からは，小駅を中心に有人出札窓口を閉鎖する動きも進行している．これらの駅では代替として多機能券売機を設置し[3]，小駅係員による出札業務の負担軽減を図っている．

　また，局所的なタイムプレッシャーは，旅客と窓口係員の相互作用において

生成される．旅客と窓口係員は，窓口業務において最も中心的なプレイヤーである．多くの場合は旅客と係員が対面して実行されるタスクである．旅客は鉄道会社外部の人間である．旅客と係員との間で，価値観や業務知識が共有されていることは稀である．窓口には，乗車予定列車の出発が迫っており，時間にゆとりのない旅客も訪れる．一時に多数の旅客が窓口を訪れた場合には，順番を待つ長蛇の列ができる．対面接客サービスであるから，長蛇の列は係員からも見える位置にある．

　旅客は鉄道会社外部の人間であるから，順番待ちの列の長さや窓口の数，あるいは旅客1人に必要な接客時間などに対して必ずしも理解を示すわけではない．旅客の急ぐそぶりや列の長さなど，窓口係員は旅客からタイムプレッシャーを受けていると考えられる．先に述べたようにタイムプレッシャーは，局所的なエラー誘発要因である．

6）取扱方

　現行の手順書は複雑である．その背景には，①数々のローカルルールや特例の追加，②割引きっぷなど商品の多様化が背景にある．ルーティンワークで使用するルールや，日頃よく取扱う商品は一部分である．普段使わないルールは，イメージの把握が難しく忘れやすい．類似のルールとの混同も起きやすい．係員および組織にとって，負担は大きいと思われる．

　きっぷの取扱は，一義的には旅客営業規則によって定められている．旅客営業規則は運送約款の中心的な存在である．きっぷの発売方法，運賃・料金の計算方法，きっぷの効力，きっぷの様式，きっぷの変更の取扱，旅客都合によるきっぷの払い戻しの取扱，運行不能および遅延の場合のきっぷの取扱などのルールを定めており，2022年4月1日現在，11章324条から構成される（規則改正により，削除された条文を含む）．

　運送約款は，鉄道営業法第3条に定める運送条件であり，公告されている．

しかし，きっぷの取扱方は，旅客営業規則によって網羅されているわけではない．旅客営業規則に加えて，さまざまな規定が定められている．

　まず，旅客営業規則以外の規則（旅客連絡運輸規則など）があげられる．規則は公告されたルールである．次に，基準規程があげられる．基準規程は，（1）1対1で対応する規則が存在しており，1対1で対応する規則とセットで運用されるもの，（2）1対1で対応する規則はないが，旅客営業規則等の諸規則の定めを受けつつ運用されるもの，（3）きっぷの取扱に付随する業務の取扱を定めたものに大別される．

　さらに，通達による定めがあげられる．通達は社内文書であり公告されておらず，部外では全体像および詳細を把握することは難しい．Qきっぷ，Rきっぷなどの往復割引きっぷ，レール&レンタカーきっぷ，ジパング倶楽部，青春18きっぷなどの特別企画乗車券類（以下「特企」と略記する）の取扱方は，通達によって定められている．通達において規則規程の定めとは異なるルールを定めることもある．規則規程上不可とされている事項を，可と緩和するケースなどが該当する．通達は全社レベルのもののほか，支社レベルのものも存在する．

　旅客営業規則を含め，現行の旅客制度には，次のような問題点があるとの指摘がなされることがある．全体としてボリュームが多く，複雑である．背景として，（1）他の輸送機関との競争上や，観光需要創出など，さまざまな目的により，特別の輸送条件を定めた特企が多数設定されている，（2）難解な規則，類推解釈を要する規則がある，（3）反対に，類推解釈が誤扱を招くことがある，（4）適用すべき規定の候補が複数存在し，いずれを適用すべきか判断が難しく，また，明記されていないことがある，（5）類似の取扱との混同を生じる例がある，（6）類似の制度・用語との混同を生じる例がある，（7）条文の解釈についての公式見解が変化することがあるなどが指摘される．

7）訓練

（1）事前研修

　窓口係員の新人養成は，研修所での3か月間の研修から始まる．研修を修了するとベテラン社員の付添指導のもとで，窓口業務に従事する．新人社員は，まず研修（off-JT）でルーティンの業務を習得する．窓口に配属後，現場でOJTを積むという流れである．

　新人研修では，ルーティンワークに必要な業務知識や，接客ノウハウのレクチャーが中心となる．現行の手順書は複雑である．窓口の取扱商品もイベント券など，多岐にわたる箇所もある．一度に全てを教えること，マスターすることはともに非現実的となっている．短期雇用も拡大しており，研修期間は限られている．手順書の理解や「深く考える哲学」[4]よりも，暗記に偏らざるを得ない．サービス領域が広すぎる場合，未熟練な部分が生じる．非ルーティンの業務では，エラーにつながることがある[5]．

　旅客制度を丸暗記したとしても，実務において自在に使いこなせることにはならない．個々の条文の暗記は，旅客制度に対するミクロ的アプローチといえる．しかし，ミクロ的視点だけでは十分とはいえないからである．条文をおおむねマスターしたうえで，マクロ的視点から条文の相互関係を理解する必要がある．

　相互関係は旅客制度の枠内にとどまらない．民法，鉄道営業法などの関連法規も視野に入ってくる．他の規定との関連性を踏まえつつ，暗記することよりも考えることが重要である．単なる暗記では，難しい取扱に直面した時，適切な規定を記憶から引き出すことができない．ラスムッセン（1983）は，これを「検索の失敗」と呼んでいる．

（2）制度趣旨とレクチャー

　きっぷの払い戻しのルールは，列車等の運行不能や遅延を理由とする場合

表4-1　払い戻し

	旅客都合による払い戻し	運行不能・遅延による払い戻し
距離制限	残区間101km以上の場合に限る	制限なし
払い戻しを受け付ける期間	きっぷの有効期間内	発売日の翌日から1年以内
計算方法の基本	乗車した区間の運賃を差し引いた額を払い戻す	残区間の運賃を払い戻す
往復割引	取り消す	取り消さない
手数料	要	不要

出所：筆者作成.

と，旅客都合による場合によって取扱が異なる．両者の差は**表4-1**のとおりである．

　使用開始後の普通乗車券を旅客都合により払い戻す場合，条件の1つとして未乗区間の営業キロが101km以上であることがあげられている．一方で，列車等の運行不能や遅延を理由とする払い戻しの場合は，同様の条件はない．乗車券の着駅の1つ手前の駅で旅行中止する場合であっても，払い戻しの対象となる．

　これは，きっぷの購入が運送契約の締結を意味することと関連する．旅客都合によるきっぷの払い戻しとは，一旦成立した運送契約を，旅客の都合により解除することであるから，旅客側の違約に該当する．一方で，列車等の運行不能や遅延は，鉄道側の違約に該当する．このため，取扱に差が生じるのである．

　このように，ルールを学習する際には，制度趣旨を踏まえながらの方が容易である．制度趣旨を踏まえず，単純に丸暗記で済ませようとすると，ミスが生じやすい．例えば，列車等の運行不能や遅延を理由とする払い戻しの際に，「未乗区間が100km以下であるため，払い戻しできない」などの混同を生じたりする．

　しかし，制度趣旨を踏まえながらのレクチャーは，教える側が論理的に解説を展開する必要があり，時間がかかる．また，学ぶ側がじっくり考えるための

時間も必要である．研修に要する時間は長くなる．

（3）OJT

　配属後の窓口係員に対しても，再研修は必要である．ILO（1996）は，労働者が新しい技能を学ぶための機会を提供するよう勧告している．理由として，次の3点が指摘されている．（1）自分の作業には価値があるという確信，また作業を通じて自分の能力と技能を発展させることができるという確信は有益である．（2）多くの技能をもっている労働者は，作業を支援・分担したり，全体の生産性を向上させることができる．（3）さまざまな技能をもつ労働者は，効率性の向上やコストの削減に取組むことができる．

　しかし，再研修の間は業務から離れることになる．人員やコストの問題があり，再研修の機会は限られるのが実状であろう．off-JT は機会が限られる．業務上の疑問点を解消して理解を深めるためには，OJT が欠かせない．業務の合間を縫っての議論や練習は困難を伴う．上司には，OJT のコーディネートが求められる．シフト制勤務，係員の少ない駅，管理者が常駐しない駅[6]などの要因は，OJT の維持管理に影響を与えることもあると考えられる．

　窓口業務では，各種規定が複雑であり，取扱商品も多数存在する．業務上の疑問点を解消して理解を深めるためには，現場におけるヨコおよびタテのコミュニケーションが重要である．多忙な業務の合間を縫ってのコミュニケーションには限界がある．シフト制勤務などの関係で，全ての係員が一堂に会する機会が少ないことから，旅客制度や企画商品等に変更があった場合には，点呼の際に周知を図ることとしている．

　係員同士の非公式な議論およびノートの回覧を行うなどの工夫も行われている．ノートは，業務で生じた疑問点や注意点などを，係員自身の判断で記入して回覧するものである．他の係員が，任意に疑問に対する回答やコメントなどを記入する．OJT として，現場レベルでは，各人の知識や理解度に応じて適

宜指導を行っているが，各人の知識や理解度を把握するうえでは，このノートが活用されている．

　係員同士で解決されなかった場合は，上司に相談のうえ，業務時間外に端末や規定集などを用いて解決する．議論などのコミュニケーションの場を確保する必要があるだろう．

　参加者が少なければ少ないほど，また，参加者の同質性が高いほど，誤った結論に陥ることがある．誤った結論は修正されにくい．上司が積極的に関与するなどして，議論の方向性を見守ることが望ましい．

　リーズン（2003）は，クラッパム・ジャンクションの事故に言及して，他の人の作業を観察したり，自分で試行錯誤して仕事を覚えた場合，誤ったルールを身につけることがあると指摘している．再研修は理解を深めるため，また，気付かないうちに OJT で身についた誤ったルールをチェックするために必要である．

　ルールや商品の周知徹底も重要である．リーズン（2003）は，ボーイング747-200のヒューズピン脱落事故に言及して，エラー要因の1つとして「良いルールの誤適用」を指摘している．良いルールの誤適用とは，状況が普段と異なるにも関わらず，違いを見落として普段どおりのルールで対処してしまうことを示す．ヒューズピン脱落事故は，改造工事が施工された機体に対して，未施工機向けの整備を行ったために発生した．

　窓口業務の現場では，次のようなエラーが考えられる．

　（1）例外規定が適用されるケースで，例外規定を適用しない．

　（2）旅客制度や商品が既に改廃されているにも関わらず，改廃前の知識や手順をそのまま適用してしまう．

　（1）と（2）はともに，人間の認知メカニズム，端末の防護不良，教育訓練の不備などが関わっている．ただし（2）のエラーは，改廃前のルールや手順を知る窓口係員に限られる．キャリアの長い係員に特有のエラーということ

ができる.

　一旦身についた仕事の仕方を変えることは難しい. 中條 (1993) は,「標準作業は確立していたが, ミスが起こった時, 作業者はそれにしたがって作業していなかった」事例を指摘して,「(1) 教育していなかった」「(2) 作業者が正しく覚えていなかった」ために,「正しい標準作業の方法を作業者が理解していなかった」と述べている.

　旅客営業規則や商品が改廃された場合には, 周知徹底が重要である. 周知徹底とは, 第1に, 現場にくまなく通達することである. 第2に, 窓口係員が通達を正しく理解しているか否かを確認することである. 窓口係員が普段使わない旅客制度の場合は, 改正を知らせる通達を見ても何のことかわからない, という事態が生じることも考えられる. 文章表現と読み手がもつイメージを配慮することも求められる[7].

8) 競合する目標

　「両立しない目標」は, 作業現場事故の一因である[8].「両立しない目標」とは, 複数の目標が課されている場合で, 1つの目標を実現しようとすると, 他の目標が実現不可能となるケースを指す.

　窓口係員も, 複数の目標を課されていると考えられる. まず, 窓口業務は高度に公式化されている. 窓口係員は規定に沿った取扱を求められている. 次に, 窓口係員は迅速な取扱を求められている. 先に述べたように, 窓口には出発間近の旅客も訪れるためである. さらに, 窓口係員は顧客満足の実現を求められている. グループ各社はサービス業の1つとして, サービスの質的向上に取組んでいる. 窓口の位置付けも, 単なる現業機関から対面接客サービスへと変化した. 言葉遣いや身体動作といった接客態度に加えて, 旅客に対する十分な説明などが要求される.

　「規定を遵守した取扱」,「迅速な取扱」,「顧客が満足する取扱」は両立しない

ことがある．例えば，国府津→東静岡間の普通乗車券による静岡までの乗り越しの取扱を例示する．国府津→東静岡間の普通乗車券は，運賃は1690円である．この普通乗車券で旅行開始し，そのまま一駅先となる静岡駅まで乗り越しを行う場合，精算として290円が請求される．しかし，単純に東静岡→静岡間を乗車する場合，普通乗車券の運賃は150円である．日頃から東静岡・静岡付近の鉄道を乗車しており，東静岡→静岡間の運賃を憶えているような旅客の場合，290円という請求額には違和感を抱くだろう．

　これは，規第249条に定める精算方法に起因するものである．規第249条では，営業キロ100キロメートル以下の普通乗車券で，旅行開始後乗り越しを行う場合の取扱は，乗り越し後実際に乗車する全区間の運賃と，もともと使用している普通乗車券の運賃を比較し，不足額を請求する，と定める．もともと使用している普通乗車券の区間である国府津→東静岡間は営業キロ100kmであるため，乗り越しの際にはこの精算方法が適用される．もともと使用していた国府津→東静岡間の普通乗車券の運賃は1690円であり，実際に乗車する国府津→静岡間の運賃は1980円である．この二つの運賃を比較し，請求額は290円と算出されることになる．

　運賃は距離に応じて増していくが，100km近辺の運賃表では91km〜100kmで1690円，101km〜120kmで1980円と比較的荒い刻みとなっている．そして，101km〜120kmの場合の1980円という運賃は，上記距離区分の中間，すなわち110km乗車するものとして計算された額となっている．国府津→東静岡間は営業キロ100kmであるから，運賃はこの運賃表にしたがい1690円となるが，国府津→静岡間は営業キロ102.5kmであり，110km乗車するものとして計算された運賃が適用されるのである．そのため「単純に乗ると150円の区間に対し，乗り越しでは290円請求される」という現象が生じるのである．

　このケースにおいて，係員が旅客に対して290円を請求するのは「規定を遵守した取扱」である．しかし，日頃から東静岡・静岡付近の鉄道を乗車してお

り，東静岡→静岡間の運賃を憶えているような旅客の場合，290円の請求に対してなぜと感じるのも無理からぬことであり「顧客が満足する取扱」とはならないだろう．旅客に対して十分な説明を尽くすためには，相応の時間をかける必要もある．現場に対して，競合する目標の優先順位が明示されていない場合，現場係員は従うべき目標を取捨選択する．事実上のダブルスタンダードである．

　顧客満足，制度の遵守，迅速という3つの目標について，優先順は示されていない．なお，係員が制度に沿った取扱を行ったが，旅客が納得せず抗議している場合，「お客さまが怒っているのだから謝罪しなさい」と指示する上司もいる．

　優先順位が明示されない場合，現場では目標の取捨選択を迫られることがある．減点評価人事である場合は，組織成員の行動はリスク回避的となる[9]．

　人事評価において客観的な基準が過度に強調されると，無瑕疵記録症候群が蔓延する[10]．行政組織など，高度に公式化された組織で生じやすい．高度に公式化された組織では，するべきことが全て決められている[11]．余計なことをすると，プラス評価される可能性よりもマイナス評価されるリスクのほうが高い．ルーティンワークや指示を好み，初めての事態や自分自身による裁量を避ける，という逆機能である．次の例は，その一例である．

（1）リスク回避

　筆者はある小駅で，係員から「よくわからないので他の駅に申し出てほしい．審査に引っ掛かると困るので」という対応を受けたことがある（制度上は，そこでの取扱が可能なケースである）．これはリスク回避行動の一種である．

　審査とは，出改札業務が適切に行われているかどうかを会社側がチェックする仕組みである．きっぷの変更を取扱った場合，変更前のきっぷは窓口が回収する．回収したきっぷは控除原券として審査に回るため，誤扱の場合には審査で捕捉される可能性が出てくる．この係員にとっては，制度上の適否よりも，

審査に引っ掛かるかもしれないという危険のほうが重要であり，不慣れな取扱は避けたかったものと思われる．減点主義の人事管理の下でもみられる現象である．

　誤扱には，①「誤った取扱を実行した」パターンと，②「制度上正当な取扱であるにも関わらず実行しなかった」パターンがある．①の「誤った取扱を実行した」場合には，控除原券や発券ログなどの記録が残るため，審査で捕捉されやすい．他方，②の「制度上正当な取扱であるにも関わらず実行しなかった」場合には，係員は何もしていないため記録は残らない．表面化するのは，旅客が会社の管理箇所や広報部門等，あるいは外部機関に連絡した場合に限られる．審査と比較して，問題化するリスクは低いといえる．

　以上から，次の 2 点が示唆される．

　第 1 に，審査がヒューマンエラーにつながる場合があるということである．本事例であれば，係員はそのまま申し出どおりの取扱をしても制度上問題なかった．反対に，正当な理由なく旅客の申出を回避したことで，誤った取扱となってしまった．

　第 2 に，取扱を拒否したというタイプのヒューマンエラーは，会社側には把握が難しいということである．先に述べたとおり，表面化する可能性が低いからである．

　係員はプロであり，旅客は素人である．制度上可能な取扱であるにも関わらず，旅客に対して係員が「取扱できない」と案内したとしても，旅客には通常，係員の対応の制度上の正否が判断できない．

（2）先送り

　使用開始後のきっぷの変更（区変）は，先送りの対象となりやすい取扱と指摘される．一因として，一部のパターンを除いて端末での処理ができず，駅で取扱を行う場合は手計算手書き発券となることがあげられる．

駅において区変を申し出ると，「駅ではできないので車掌に申し出てください」と言われ，車掌に先送りとなることは少なくない．車掌が携行する携帯型端末には，駅端末とは異なり，区変を処理する機能がある．大抵の場合は，車掌への申し出によって，区変の処理が完了する．

ただし，複雑な変更となる場合など，車掌も「車内ではできないので駅に申し出てください」となることも度々ある．駅→車掌→駅などとなった揚句，着駅での精算となったり，あるいは区変の取扱をすることなく，そのまま不問となる場合もある．

旅客制度上は，駅であれ車内であれ，区変の取扱は可能である．とはいえ，車掌は案内放送やドア扱い，エアコンの調節など，他の業務も遂行しなければならない．小駅の係員も，出札と改札など，複数の業務を遂行しなければならない．車掌が1人乗務となる列車や，1人体制の小駅もある．これらの場合，作業負荷は高い．

時間的に不可能という場合には，取扱の先送りも不当なものではない．ただし，大駅の係員による車掌への先送りは，車掌の作業負荷を高めることにもなり，妥当性を欠くと言わざるを得ない．

9）情報の取扱

窓口業務における事故，ヒヤリハット，事故の芽，FAQ事例などは駅ごとに管理している．本支社レベルでの共有はない．

現在，お客さまセンターへ寄せられる問い合わせは，営業関連のものが約6割，輸送関連のものが約3割である．なお，車掌による取扱に関するものは，輸送関連のものに分類される．問い合わせ内容は，本社お客さまセンターの派遣社員が分類・集計しているため，分類・集計担当者の能力によって精度が左右されることがある．なお，集計結果は駅への評価や人事にも影響することがある．

　誤扱，ヒヤリハット，事故の芽，FAQ事例の活用が求められる．トラブル
の防止に関する知識システムとして，（1）人間行動とそれに起因する事故，（2）
トラブル・データベースの構築，（3）トラブルおよびその対策に関する情報
の共有化がある．[12]「一般に，個々のヒューマンエラーや標準不遵守の発生頻度
は低い．しかし，あらゆる作業であらゆる人が起こす可能性があり，多種多様
なエラー・不遵守が代わる代わる顕在化し，全体として職場の大きな問題となっ
ている場合が多い」．

　個々の営業事故も発生頻度は低い．支社単位や駅単位で局所的に捉えると統
計上のノイズや異常値となるものも多いだろう．しかし，窓口業務は全国的な
共通性が高い．ルールは基本的にはグループ各社共通である．端末も数機種に
集約されている．全社レベルやグループ全体で横断的に捉えると，同じような
営業事故があちこちで発生している実態が明らかになるかもしれない．

　ハインリッヒの法則（1-29-300の法則）によれば，1件の大事故の背後に29の
小事故，300の損害を伴わない不具合が隠れている．営業事故事例のほか，事
故に至らなかったヒヤリハットや事故の芽の事例をも収集・分析することが求
められる．収集・分析したデータは，支社の垣根を越えて全社的に，またグルー
プ全体でデータベース化することも望ましい．

　トラブル情報の収集・解析システムは，トラブルの防止活動の中核部分であ
る．しかし，単にトラブル事例を羅列しただけでは，有効性は限られたものに
なる．[13]「一つのトラブル事例にはさまざまな情報が含まれているが，表層的な
違いを無視して多くの事例に共通する作業と人間行動との依存関係を汎用性の
高いモードとして抽出できるかどうかが，人間行動の予測の成否を決める分か
れ目となる」．次の例は，その一例である．

　表層的には，別個のヒューマンエラーであっても，背後には共通のエッセン
スが関与することがある．以下に述べる乗継割引の適用ミスはその一例である．
乗継割引には3つのパターンがある．それぞれのパターンにおけるヒューマン

82

エラーを，別個のものとして取扱うか，あるいは共通のものとして取扱うかによって，自ずと対処も異なってくる．

2016年3月の北海道新幹線開業に伴う制度改正により，2022年現在とは状況が異なるが，2016年3月まで，乗継割引のパターンには，（1）新幹線対在来線，（2）本州対北海道，（3）特急「サンライズ瀬戸」号対四国特急の3種類があった．3種類の乗継割引は，組み合わせて適用される．例えば，（A）新大阪―京都間の新幹線の特急券，（B）京都―青森間の在来線の特急券，（C）青森―札幌間の急行券の3枚を同時に購入する場合，まず新幹線対在来線の乗継割引が適用されて，（B）が乗継割引となる．さらに，本州対北海道の乗継割引が適用されて，（C）も乗継割引となっていた（（B）：割引，（C）：割引）．

なお，上記3枚のきっぷを，端末の個別操作で発券する場合，乗継割引は自動的には適用されない．乗継割引を適用するきっぷに対しては，端末の乗継割引項目を選択する必要がある．つまり，係員は発券操作時に，どれが乗継割引適用となるものであるか，自分で判断しなければならない．この結果，興味深い現象がみられる．上記3枚のきっぷを札幌近辺の駅で購入すると，（B）：無割引，（C）：割引という誤発売が多く，大阪近辺の駅で購入すると，（B）：割引，（C）：無割引という誤発売が多く見られた．札幌近辺では新幹線対在来線の乗継割引を失念するヒューマンエラーが多く，大阪近辺では本州対北海道の乗継割引を失念するヒューマンエラーが多かったということになる（表4-2）．

つまり，馴染みの低い乗継割引に関連して，ヒューマンエラーが発生してい

表4-2　3種類の乗継割引

	（A）新大阪―京都	（B）京都―青森	（C）青森―札幌
正	無割引	割引適用	割引適用
誤（大阪近辺の駅）	無割引	割引適用	無割引
誤（札幌近辺の駅）	無割引	無割引	割引適用

注：2016年3月の制度改正により，このパターンの乗継割引は現存しない．
出所：筆者作成．

るといえる．近隣のきっぷと比較して，遠隔地のきっぷを発売する機会は少ない．当時の札幌近辺の係員の場合，本州対北海道の乗継割引と比較して，新幹線対在来線の乗継割引は馴染みが薄い制度であったといえる．他方，大阪近辺の係員の場合，新幹線対在来線の乗継割引は使用機会が多いが，北海道関連のきっぷを扱うことは滅多になかったと思われる．

この差が，エラーパターンの違いを生んでいると思われる．したがって，例えば，札幌近辺の駅できっぷを発売した際に，新幹線対在来線の乗継割引を失念したことが表面化した場合，再発防止策として，単に「新幹線と在来線を乗り継ぐ場合，在来線側に乗継割引が適用されるので忘れないように」との指導を行うだけでは不十分といえる．新幹線と在来線の乗継ぎの場合にヒューマンエラーが発生するというよりも，馴染みの薄い乗継割引に関連してヒューマンエラーが発生するからである．

「新幹線と在来線を乗り継ぐ場合，在来線側に乗継割引が適用されるので忘れないように」と指導したとすれば，新幹線対在来線の乗継割引の適用もれを防止することはできるかもしれない．しかし，さらに馴染みの薄い特急「サンライズ瀬戸」号対四国特急の乗継割引の適用もれを，直接防止することはできない．

「新幹線対在来線の乗継割引の適用もれ」と「本州対北海道の乗継割引の適用もれ」は，表面的なエラー形式にすぎない．「馴染みの薄い制度の適用もれ」が共通のエッセンスである．表面的なエラー形式に対応したヒューマンエラー対策ではなく，共通のエッセンスに対応したヒューマンエラー対策が求められる．

そのためには，なるべく多くのヒューマンエラー事例を収集し，単なる表面的な事象の羅列に陥ることなく，共通のエッセンスを探る取組みが求められる．

さらには，札幌近辺の係員と大阪近辺の係員は，同一グループの別会社に所属しているので，会社の垣根を越えたヒューマンエラーの事例収集も有意義で

ある．これは，単にサンプル数が増えるという利点にとどまらない．当時，札
幌近辺の係員にとって，本州対北海道の乗継割引は常識であるが，大阪近辺の
係員にとっては常識ではなかったことを意味している．これは，札幌近辺でサ
ンプルを収集するだけでは見えてこない．他エリアのサンプルを統合して，初
めて見えてくることである．自身や自駅，自社にとっての常識が，他所では必
ずしも常識ではないということが見えてくるため，より視野を広げる効果が
ある．

10）分業の逆機能

　事業規模の拡大と専門分化により，Ａ鉄道会社を含むグループ各社は，分
業組織の性格が強い．一般に，分業制は技術や業務内容が大きく異なる場合に
適している．運転と保線は典型的な例である．別部署としたほうがオペレーショ
ン上有利である．旅客案内に支障を及ぼすことも考えにくい．

　大駅の場合，きっぷの取扱業務は出札と改札が分担している．改札は，一般
には「駅に入出場する際，きっぷを見せたり渡したりする場所」というイメー
ジと思われる．実際には，払い戻しと旅行開始後または使用開始後のきっぷの
変更も担当する．出札では払い戻しと旅行開始後または使用開始後のきっぷの
変更は取扱わない[14]．

　「ネーミングの問題[15]」か，旅客には，出改札の分業制はあまり知られていな
いと思われる．また，改札窓口と比較して出札窓口は数も多く，目立ちやすい
特徴がある．実態としては，旅客が出札窓口で旅行開始後または使用開始後の
きっぷの変更を申し出て，「使い始めた後は変更できません」と断られること
がある．出札窓口の仕事としては正当である．しかし，旅客案内上は改札窓口
へ誘導するのが妥当である．背景として，出札係員を養成するための研修や
OJTにおいて，こういった改札業務を教えていない可能性が考えられると
いう．

　現代の官僚制においては，セクショナリズムの強化による総合制の欠如が大きな問題となっている[16].　勤務年数が短く，かつ，大駅での勤務経験しかない社員は，他の部署の仕事を知らない傾向があることが指摘されている．小駅では小人数で全ての業務を網羅するが,大駅では業務が区分されているためである．キャリアとともに，理解度は深まる．他の部署ではどのような仕事をしているのか，研修や現場において概略を示すことも求められる．直接仕事に役立つわけではないが，仕事に対する理解や関心を深める一助となろう．

　いわゆる「タライ回し」は,現代の官僚制における専門分化の逆機能である．各セクションの業務範囲は厳格に区分されている．組織構成員が管轄外の業務に関与することは許されない．組織構成員は，他のセクションの業務範囲も，正確には把握できないことがある．

　各セクションが分断されている場合も，一因となりうる．他のセクションとは交流がないため，顔が見えない存在である．面識のない他部署の係員や，他社の係員に対しては，特段の意識や感情はない．他部署や他社の取扱が原因でトラブルが生じたとしても，お互い様という側面がある．自分達の仕事も100％ではないためである．他部署による取扱に起因する問題発生時には，再発防止のため，関係箇所に連絡を行う程度の交流にとどまる．

　仕事を肩代りさせる場合，見えない相手であれば抵抗感は低減される．鉄道輸送では，旅客が発駅，車内，着駅と移動しながらサービスを享受する．多くの場合，サービス開始時，途中，完了時の接客担当部署は別である．他部署との「地域的近接性」や「共有体験」[17]は希薄となる．ある部署からみて他部署の業務が余所事である場合，旅客の申し出を先送りするなどの逆機能が生じる可能性がある．

11）端末

　今日，窓口業務において多くのタスクは業務用コンピュータ端末で実行され

る．なお端末には数機種ある．

　かつての端末は，駅名や列車名を電報略号で入力させるなど，窓口係員に相当の技量を要求するものであった．他方，現在の端末は，Windows ベースの GUI (Graphical User Interface) を採用し，マウスによる操作等を可能にするなど，操作性は格段に向上している．しかし，次のような不十分な点も残されているという．

　第 1 に，フェイルセーフの問題である．窓口係員が旅客制度上認められていない発券操作を行おうとした場合，システムはエラー回答を行う．しかし一般に，システムの設計も万全ではない．端末の挙動は，旅客制度上の可否を厳密に反映しているわけではない．旅客制度上認められていない操作を，端末が受け付けてしまうケースも存在する．反対に，旅客制度上可能な操作に対してエラーを回答することもある．先に述べたように，今日の窓口業務では多くのタスクを端末に依存している．旅客制度の複雑さとあいまって，端末を「旅客制度上の可否を判断する道具」として用いると，システムで防護されていない場合，営業事故を招くことがある．

　第 2 に，インタフェース設計の問題である．インタフェース問題には，「表現の問題」と「入力操作の問題」がある．端末の画面上には，ルーティンの窓口業務で滅多に使用しない項目も表示される．一部の項目の名称は，必ずしもわかりやすいとはいえない．

　業務用アプリケーションは，今日のコンシューマー向けアプリケーションと比較してユーザーに一定レベル以上の技量が備わっていることを前提とするものが多い．例として，1 つの機能を呼び出すための操作方法が 1 つしかないものや，所定の方法以外で入力を行うと，危険が生じるものがあげられる．

　A―M インタラクションに関連する問題点としては，（1）ルールに適合しない操作を，端末が受け付ける例，（2）ルールに適合する操作を，端末が受け付けない例，（3）端末が例外ルールまたは原則ルールのみに対応し，他方

の原則ルールまたは例外ルールに対応しない例，（4）端末の操作に際して，独特の「作法」が要求される例，（5）わかりにくいインタフェース表示，入力の許容度が低い例，（6）システムが関知しない領域がある．

（1）のルールに適合しない操作を，端末が受け付ける例としては，端末は旅客制度上の適否を厳密に判断するための道具ではなく，そのような使い方をすると，制度上誤りを招きかねないことがあげられる．

端末には，旅客制度上の適否を判断する機能が備わっている．係員の発券要求が制度上誤っている場合には，エラー回答を行い，エラーメッセージを発することもできる．しかし，制度上の厳密な可否を答えさせるための道具ではない．

（2）のルールに適合する操作を，端末が受け付けない例とは，「ルールに適合しない操作を，端末が受け付ける例」とは正反対である．

（3）は，例外規定を設ける制度改正の際に生じることがある．

（4）の端末の操作に際して，独特の「作法」が要求される例は，端末の操作において，独特の操作手順を要求されるケースである．独特の操作手順に従わなかった場合，発券不能であったり，あるいは旅客への請求額が過不足となったりする．

特急券は，原則として乗車する列車ごとに発売される．そのため，2つの特急列車を乗り継ぐ場合，特急券は列車ごとに2枚購入しなければならない．料金はそれぞれ別計算となるため，乗車距離に対し割高となる場合もある．

特急列車の運転区間・運転系統の整理をすすめる一方，旅客の負担増を抑制する方法として，一部の特急列車の乗り継ぎパターンについて制度上の特例を設け，2つの特急列車を乗り継ぐ場合であっても，1つの特急列車で乗車する場合と同様に，特急料金を通算する特例的規定が設けられるようになった．これは規第57条第2項の第2〜9号に基づくものであり，詳細は省略するが四国内特急を乗り継ぎとなるパターンや，旺盛な需要のある札幌〜旭川間の特急列

車と，需要の細い旭川以東・旭川以北の特急列車を旭川駅にて乗り継ぐ場合などが対象として規定されている．

　この乗り継ぎケースで，正しく通算された特急料金が適用された特急券を発売するためには，実際の列車名とは異なるダミー列車名を用いて発券操作するか，あるいは任意乗継と呼ばれる一括での操作方法が求められる．つまり，一般の場合とは異なるやや特別な発券操作が求められる．

　もしもこの乗り継ぎの場合において，上記の特別な操作によらず，単純に2つの特急券を発券する操作を行うと，2つの特急券は別個のものとして発券される．そのため特急料金も通算されず，多くの場合で割高な料金が請求されることとなる．

　本例の操作手順は特殊なものではある．しかし，特例区間沿線の係員など，本操作の使用頻度が高い係員にとってはルーティンワークの部類に入る．スムーズに対処できるものと思われる．ただし，特例区間から遠く離れたエリアであり，近隣に同様の特急料金券通算制度も設定されておらず，類似の操作の使用機会も少ないエリアの係員の場合には，操作方法がわからず，対応に手間取ることが予想される．

　（5）のわかりにくいインタフェース表示，入力の許容度が低い例は，端末のインタフェース表示がわかりにくいものであったり，入力の許容度が低いと，厳密な操作手順が要求されるケースである．

　（6）のシステムが関知しない領域があるとは，次のとおりである．一般には業務のうちどの部分を自動化し，どの部分を作業者に委ねるかを決定するのは，開発者である[18]．この区分は，現場における業務遂行上の都合を考慮するというよりも，システムに実装しやすいかどうかによって決定される．このため，システムの防護機能がいくら優れていたとしても，システムが関知しない領域（作業者に委ねられている領域）に関するエラーは，当然ながら，システムによって防止することはできない．

12) 窓口係員と後方支援

　窓口業務では，取扱の可否や端末の操作方に関して疑問が生じることがある．接客中に疑問が生じた場合，窓口係員は駅に常駐するサポート担当者（以下「後方支援」と呼ぶ）に指示を仰ぐ．後方支援は窓口係員に対して指示を与えるほか，窓口係員と共に窓口に出向き，旅客への説明にあたることもある．

　接客中に発生した問題の大部分は，後方支援の段階で適正に解決される．しかし，旅客―窓口係員―後方支援とプレイヤーが1人増えることで，新たな問題につながることがある．

　第1に，窓口係員と後方支援間のコミュニケーションエラーがあげられる．例えば，旅客が旅客制度上可能な取扱を請求したにも関わらず，キャリアの浅い窓口係員には取扱の可否が判断できない場合がある．窓口係員は後方支援に指示を仰ぐが，旅客の請求内容が厳密に伝えられるとは限らない．ことばによるコミュニケーションの限界である．窓口係員に悪意はないが，ことばが置き換えられたり，必要な情報が欠落することで，旅客制度上不可能な請求へと変化してしまうことがある．こうなると，後方支援は，窓口係員の質問に「取扱できない」と答えるだろう．

　第2に，後方支援も万能ではないことがあげられる．旅客制度の複雑さや，取扱商品の多さが背景にある．後方支援が旅客制度等を誤解している場合，窓口係員に対して不適切な指示を出してしまうことになる．

　第3に，窓口係員と後方支援の人的関係があげられる．後方支援は実務経験の長い人材から選ばれるため，窓口係員と後方支援は，後輩と先輩の関係または部下と上司の関係となる．また，窓口係員と後方支援は face-to-face の関係である．後方支援は，窓口係員の質問には即座に応じることが求められる．裁量権が先輩や上司に付与されており，後輩や部下が指示を仰ぐというケースでは，裁量の適否が客観的に確定されることは多くない．また，一旦不適切な裁量がなされたとしても，本人，周辺のメンバー，組織によって事後的にカバー

される余地もある．後輩や部下の手前，先輩や上司は，確証を得ないまま裁量に踏み切らざるを得ないこともある[19]．

　しかし窓口業務の場合，取扱方は細部にわたって制度化されている．後方支援の裁量権は小さい．後方支援の主な役割は，裁量による説明ではなく，客観的な規準に即した説明である．

　後方支援は業務経験が豊富であるから，自分の業務知識や理解度などに自信があると考えられる．自信は重要なものではあるが，窓口係員の手前，自信過剰に対処してしまうと，旅客制度に違反していたという結果につながることがある．他方，後方支援に尋ねてもよいだろうかと窓口係員が気兼ねする場合もある．

13）後方支援と指令

　先に述べたように，窓口業務は複雑である．後方支援も人間であるから完全無欠ではない．窓口係員からの質問に対して，後方支援も返答しかねるケースも発生する．後方支援でも結論が得られない場合は，電話で本支社の指令箇所（以下「指令」と呼ぶ）に問い合わせを行う．

　平日日中は営業課に，その他の時間帯は旅客指令に問い合わせを行う体制である．営業課でも判断しかねる事案の場合には，営業課から支社への問い合わせを行う．支社にも判断しかねる事案の場合には，支社から本社への問い合わせを行う．

　旅客，窓口係員，後方支援，指令とプレイヤーがもう１人増えると，一般に，コミュニケーションエラーの可能性も増大するとされる．

　現場と指令とは電話でコミュニケーションを行っている．face-to-face の関係ではない．人間のコミュニケーションは，ことばという聴覚だけで行われるわけではない．表情や身振りなど，視覚によるコミュニケーションは，聴覚によるコミュニケーションと相互補完関係にある．電話によるコミュニケーショ

ンでは，聴覚に依存せざるを得ない．

　後方支援と指令とは通常面識がない．気軽に質問することができる関係性の有無は，アウトプットにも影響を与えることがある．後方支援は業務経験も豊富であるから，指令に問い合わせる必要を感じなかったり，問い合わせを好まない場合もあろう．

　実態としては，通常の問題は駅レベルで解決される．指令に問い合わせるケースは殆どない．

2　事例の分析

1）A鉄道会社の窓口業務の組織間環境要因（IOE）とマネジメント要因（O）
（1）グループ各社間のコミュニケーション

　旅客営業規則・旅客営業取扱基準規程は，旅客制度の中心的な存在である．内容は，A鉄道会社を含むグループ各社ほぼ共通である．制度改正も，各社足並みを揃えて実施される．各社の認識が異なる場合や利害が一致しない場合，制度改正は容易ではないと思われる．旅客制度の問題には組織間関係の問題が内在するといえる．上述のように，手順書の問題と情報資源の活用の問題は，エラー要因としてあげられる．手順書や端末など，グループ各社の窓口業務は類似点も多い．窓口業務におけるエラー事例および関連情報(ヒヤリハット，事故の芽，現場におけるFAQ，現場における議論の成果）は，会社の垣根を越えて役立つ場合がある．また，端末・システムはグループ会社が開発を担当している．システム開発会社とのコミュニケーションも求められる．

　以上の分析より，仮説1が導出された．

　仮説1：タスク多様性の組織間環境要因は，「グループを構成する同業各社間の問題認識の相違」である．

（2）ルールの問題

制度体系の複雑さが問題である．使用頻度の低い規定は，学ぶ機会が少ない
ほか，忘れたり，必要な時に思い出せないことがある．使用頻度の低さゆえ低
頻度ではあるが，エラー要因となる．

誤扱を避けるためには，指導を徹底するほか，忘れることがないよう頻繁に
チェックする必要があるが，これは係員と組織の双方にとって負担が大きい．

冗長な規定や，既に死文化していると判断される規定は，必要性を精査して
整理することが望ましい．誤扱の未然防止と，文書のスリム化，現場の負担軽
減に役立とう．

（3）訓練の問題

再研修も実施されているが，off-JT は機会が限られる．現場における指導や
係員同士の議論など，日常的な取組みが中心である．しかし，現場ごとの取組
みは，以下の理由により閉じた環境ということができる．

第1に，係員配置の少ない駅では，少人数での議論になる．1人勤務の駅の
場合，議論の機会は限られる．

第2に，窓口係員の勤務時間はシフト制である．face-to-face のコミュニケー
ションが取りにくい．駅などの現場では，回覧ノートによって情報を共有する
などの工夫が行われている．ノートの回覧は，上司が各係員のスキルレベルを
把握し，適宜に指導を行ううえでの参考となるなど，OJT の面でも成果をあ
げている．

第3に，議論のコーディネートや指導など，負担と責任が現場の上司に集中
する．このため，議論と指導の質が，現場の上司に大きく依存する．例えば，
誤りがあった場合に修正されにくい．

（4）情報資源の取扱

　旅客営業上の誤扱，ヒヤリハット，事故の芽，FAQ 事例の蓄積は，駅ごとに行われている．他駅との共有および本支社単位での集約は行われていない．

　誤扱，ヒヤリハット，事故の芽には，さまざまなパターンがある．個々のパターンは，必ずしも高頻度ではない．したがって，A 駅で発生したが，B 駅では発生しない，ということが起こりうる．ただし，発生確率がゼロではない以上，B 駅では同様のエラーが今後発生する可能性が残る．A 駅で発生したエラー事例を情報資源として他駅でも活用すれば，エラーの防止に寄与することが期待される．

　現在，情報資源は現場ごとに完結している．ネットワーク化はされていない．現場でのコミュニケーションによって得られた重要な成果は，局所的な活用にとどまっている．知識が各現場に分散した状況といえる．知識の共有により，知識のチェック，活用，更なる深化を目指す取組みは有意義である．

（5）　分業の逆機能

　キャリアの浅い係員は，他部署の仕事を知らない．旅客営業にかかる制度および商品体系は多岐にわたることから，係員がキャリアの浅い段階で全てをマスターすることは困難であり，全てを教えることも困難であるためである．

　このために，改札窓口において対応する取扱について，出札窓口担当の係員が「取扱できない」と，あたかも制度上取扱不可であるかのような案内をすることがある．

　また，係員がリスク回避的であり，かつ，他部署に対して特段の認識がない場合には，安易な先送りを生むことがある．

　通常，旅客には出札所管，改札所管という業務区分はわからない．改札所管となる業務について，旅客が出札窓口に取扱の申し出を行うケースは十分考えられる．改札窓口所管の業務であっても，旅客が出札窓口に取扱の申し出を行

う可能性のあるものについては，出札係員にも周知を行い，出札窓口で取扱を行わないにしても，改札窓口に誘導するなどの対応が求められる．

係員のリスク回避行動は，ルーツを遡れば，過去の組織分割時の人員選抜，さらには過去の労使関係に起因するともいわれる．一朝一夕には解消されないものである．

以上の分析より，仮説2が導出された．

仮説2：タスク多様性のマネジメント要因は，「ルールの問題」，「訓練の問題」，「情報資源の活用の問題」および「分業の逆機能」である．

2）利用者(C)─係員(A)間の相互作用

（1）競合する目標の同時達成

A鉄道会社は，制度志向組織である．窓口係員は，一義的にはルールに沿った業務遂行を行わなければならない．

一方で，近年では，顧客満足の重要性が拡大している．顧客満足，制度の遵守，迅速な取扱という3つの目標に，優先順位は明示されていない．3つの目標は全て，同じように重視されている．

しかし実務上，複数の目標は競合することがある．係員が制度に基づいた取扱を行い，旅客が異議を唱え，かつ，旅客の異議にも一理ある場合，係員はどのように行動するべきであろうか．

複数の目標の同時達成が不可能である以上，係員はどれか1つの目標を選択しなければならない．残る目標は次位となる．

一部の目標に反した場合，係員は組織からどのようなペナルティーがありうるか．また，反した事実が表面化する可能性は高いか低いか．反することに伴うリスクは，係員の行動に影響を及ぼす要因の1つである．

例えば，（1）旅客から苦情が出る可能性が高い，（2）係員の取扱が正当で

あっても，旅客から苦情が出るとペナルティーを受ける，（3）規定に反した取扱を行っても，表面化する可能性が低い，などの場合，係員にとって規定違反のリスクは，旅客を怒らせる場合のリスクよりも低い．

　反対に，（1）旅客から苦情が出る可能性が低い，（2）係員の取扱が制度上正当であれば，旅客から苦情が出てもペナルティーはない，（3）規定に反した取扱をすると，表面化する可能性が高いなどの場合，係員にとって規定違反のリスクは，旅客を怒らせた場合のリスクよりも高い．

　顧客満足および取扱の迅速さは，旅客の主観によって異なる．一方で，取扱の公平性は，義務である．（1）旅客の年齢，容姿，言動，（2）係員にとってのリスク，（3）係員の性格や能力からなどの影響で，係員の対応がまちまちであるとすれば，公平性を欠く．

　法的には，制度の遵守を第1とする必要があると考えられ，現場にも明示することが公平と思われる．制度を遵守しつつ，顧客満足を向上させるためには，旅客からのクレーム事例を収集，分析して，旅客から異議の生じやすいポイント，旅客の納得を得られにくいポイントなどを洗い出して，必要な制度改正など，組織的対応を行う方法もあろう．

（2）　タイムプレッシャー

　窓口係員は，旅客と対面して業務を行う．現場係員たる窓口係員には，局所的作業環境要因として，タイムプレッシャーがある．年々，駅係員の人員削減も進行している．小駅では，人員配置が少ない．少ない人員で，出改札，清掃，車椅子の案内，事業便への日報等の積み込みなど，多岐にわたる業務を遂行する．清掃，車椅子の案内，事業便などは時刻が決められている．フレキシブルに変更することはできない．小駅の係員のタイムプレッシャーは大きい．以上の分析より，仮説3が導出された．

　また，窓口係員にはキャンドゥ態度が生じる[20]．調査の結果，タイムプレッ

シャーは，小駅において顕著であることが示唆された．小駅では，出札・改札のほか，電話応対や清掃など，多岐にわたる業務を少数の係員で網羅するため，旅客の列が長い場合などには，タイムプレッシャーが発生する．なお，先に述べたように，近年，小駅を中心に出札窓口を閉鎖して出札業務を多機能券売機に代替させ，小駅係員による出札業務の必要を解消するなどの動きも生じている．

他方，キャンドゥ態度には個人差があることが示唆された．また，旅客に対する誤案内に，キャンドゥ態度が関与しているかどうかは確認されなかった．すなわち，キャンドゥ態度という個人的要因ではなく，不親切な手順書，不十分な訓練などのマネジメント要因が，誤解，不明などの理由による誤案内を招いている可能性が指摘された．

不親切な手順書，不十分な訓練などのマネジメント要因が，係員の誤解や不明を招き，窓口係員が自身の誤った認識に基づいて案内を行ったとすれば，窓口係員の個人的要因の問題ではない．他の係員も，同様の誤案内をする可能性があり，同種の誤案内が他の箇所でも発生するだろう．

以上のキャンドゥ態度は，係員が誤解に陥っている場合のキャンドゥ態度である．すなわち，係員本人が，「誤り」を「正しい」と思い込んでいるケースである．

他方，キャンドゥ態度にはもう1つのモードがあると考えられる．係員はプロである．旅客からの問いに対して「分かりません」と答えるわけにはいかない．何か答えなければならない状況で，確証を得ないまま案内を行う場合がありうる．すなわち，プロとしての誇りが高すぎるケースである．

以上のように，キャンドゥ態度には2つの形式があると考えられる．いずれも人間の心的機能の所産であり，少数サンプルに対する聴取調査によって明らかとすることはできない．キャンドゥ態度の分析については，窓口係員を対象とした大量調査が求められる．

以上の分析から，仮説3が導出された．

仮説3：利用者(C)―係員(A)間の相互作用において生じるタスク多様性の局所的作業環境要因は「競合する目標の同時達成」と「タイムプレッシャー」である．

3）　係員(A)―端末(M)間の相互作用

窓口業務の大半は，近隣の駅へまでの定期券の発売や，地元の列車の指定券の発売など，ルーティンワークが占める．

端末は，機能改修により完成度が高められている．端末の設計に起因するエラーの余地は縮小しており，例外的なケースに限られる．ルーティンワークにおいて，端末の設計上の不備がエラーを誘発するケースは極めて稀である．端末の設計よりも，係員の経験の差が，係員(A)―端末(M)間の相互作用に影響を与えている．

以上の分析から，仮説4が導出された．

仮説4：係員(A)―端末(M)間の相互作用において生じるタスク多様性の局所的作業環境要因は「未経験では使いにくい端末」である．

4）　係員(A)―サポート部門(S)間の相互作用

窓口業務の大半はルーティンワークである．このため，窓口業務の多くは1人の係員によって迅速に遂行される．窓口係員と後方支援のインタラクションは頻繁に発生するわけではない．窓口係員と後方支援のインタラクションでは，上席者としての立場や，上席者に対する気兼ねなどが支障となることがあるという．

他方，問題の殆どは駅レベルで解決される．指令への問い合わせを行うこと

はまずない．後方支援(Sb)—指令(Sc)間の相互作用には，エラー要因が発生しないか，または喫緊の問題ではなかったと解釈される．

　以上の分析より，仮説5が導出された．

　仮説5：係員(A)—サポート部門(S)間の相互作用において生じるタスク多様性の局所的作業環境要因は「職場の人間関係」である．

3　ヒューマンエラー防止に向けて

　A鉄道会社の窓口業務のエラーの大半は，ルーティンワークにおいて発生することが示唆された．これは，スキルベースエラーと解釈することができる．具体的なエラー形式を抽出して，改善策を講じることが望ましい．例えば，列車号数の取り違えに対しては，紛らわしい数字を避ける，チェックディジットを付加するなどの対応が考えられる．

　なお，スチュアートによれば，サービス業におけるエラーの特徴として，客がエラーの原因を生み出すことがある．客側に原因がある場合，本章で定義する窓口エラーにはあてはまらない．

　しかし，窓口エラーの対策を検討するうえでは，考慮の余地がある．例えば，旅客からきっぷの誤発行の申し立てがあった場合，発売時に係員が間違えたのか，それとも旅客が間違えたのか，事後的には検証が難しいことがある．

　これは，きっぷが，サービス財の一種であることを示している．一般に，サービス財の特徴は，顧客が生産過程の一部を担う点にある．窓口業務も，旅客と係員の相互作用をともなう．発券されたきっぷは相互作用の結果であるから，間違いの原因が旅客側（言い間違いなど）にあるのか，係員側（入力間違いなど）にあるのかは分析困難である．

　ここから，以下の2点が指摘される．第1に，係員も旅客も，同じポイントでエラーを起こす可能性がある，ということである．列車号数の取り違え（のぞみ115号と155号の取り違えなど）などが該当する．列車号数には紛らわしい数字を使用しない，あるいはチェックディジットを付加するなどの対策は係員のエラー防止を企図したものであるが，旅客案内上も有益と考えられる．

　第2に，旅客をエラー防止の仕組みに組み入れる余地がある．通常，旅客は窓口できっぷの申し込みを行った後，係員の発券作業が完了するまで待ち時間となる．待ち時間の後，代金の収受ときっぷの引渡し・確認が集中して発生する．係員の端末操作は，旅客には可視化されていないので，旅客による確認は引渡し時の1回のみである．エラー防止には，複数回のチェックと複数人でのチェックが有効策の1つである．係員の端末操作を旅客にも可視化することで，旅客によるチェックの可能性は高まる．旅客向けタッチパネル・ディスプレイと，旅客による確認を促す仕組みの導入（旅客がタッチパネル上の「確認」ボタンをタッチしなければ発券されないなど）等が考えられる．この場合，旅客は単なるお客様ではない．窓口業務を支える一要素である．

注
1）新幹線に山科駅は存在しないが，規第16条の2第1項第1号の定めにより，新幹線は在来線と同一として扱われる．新幹線は山科駅を通過していることになる．
2）Reason（2003）.
3）「JR西，みどりの窓口6分の1に.」『日本経済新聞』中国，2019年2月20日.
　　「JR東，みどりの窓口7割減，25年までに，チケットレス強化.」『日本経済新聞』，2021年5月12日.
4）清水（1997）.
5）畠山（1988）.
6）西村（2004）によると，OJTが効果的に実施されない理由として，管理者に関する問題が上位を占める．
7）正田（1981）.
8）Tripod-Delta（1996）.

9) Albrecht & Zemke（1985），田尾（2005）.

10）Downs（1957）.

11）Gortner（1977）.

12）中條（2002）.

13）中條（2002）.

14）駅により，出改兼掌となる場合や，出改札の業務区分が異なる場合がある.

15）菊地（2006）.

16）本田（1993）.

17）Schain（1989）.

18）Bainbridge（1983）.

19）Homans（1978）によると，職場における指導は，指導される側からの尊敬と，指導
する側の労力の交換に基づく.

20）Reason（2003）.

第5章

B図書館の窓口業務の事例研究

▶ 1 組織の沿革と窓口業務の概略

B図書館は，B大学の附属図書館として設立，運営されている．B大学は，現在，10以上の学部，大学院と複数の機構・施設等から構成されており，約1万8000名の学生が学び，約2000名以上の教員が教育・研究を行い，約2000名弱の職員が教育・研究を支援している．

B図書館は，2008年4月現在，100名弱の職員と20数名の嘱託・契約職員によって運営されている．

以下，B図書館の年表を参照しつつ，B図書館の業務に影響を及ぼした出来事を簡単に記述する．

1）部局図書室の統合と管理

B図書館の業務は，B大学の他部局（大学院研究科，研究所，センター）との間の水平的関係の中で展開されている．

1985年，B図書館の中期的将来構想を検討するための「大学図書館将来計画小委員会」が図書館委員会の中に設置された．同小委員会は，主として，B図書館の現況と情報通信手段の飛躍的進歩への対応を展望した．その中で，B図書館の組織構造の在り方に関して，人文社会科学系部局とB図書館との協議により，業務統合を行い，B図書館が人文社会科学系の研究・学習図書館とし

ての機能を果たすことを提案していた.

　1975年4月，1981年4月と，2つの部局図書室の図書業務の統合がそれぞれ実現していた．先の小委員会の提案を受けて，1990年4月，1996年4月にも，さらに2つの部局図書室の図書業務の統合がそれぞれ行われた.¹⁾

　B図書館では，業務統合後も利用者が同様のサービスを享受することができるよう，利用条件等の整備を行っている.

2）電子図書館を目指して

　最近30年間のB図書館は，「情報化」の大きな環境変化に直面してきた.

　1968年，図書館委員会に「機械化検討小委員会」が発足し，電算機導入への具体的検討が開始された．これには，図書館職員のコンピュータ研究会開催等の積極的参画が続いた.

　1974年，B図書館に「機械化準備班」が発足した．雑誌担当者を中心にしたこの動きは，1976年，事務局の電算機を借用して「外国雑誌一括購入契約」処理を開始するという形で結実した．翌1977年，本館・分館職員よりなる「図書館業務電算機ワーキンググループ」が発足した．1980年には，B図書館は，小型電算機を導入し，外国雑誌に加えて会計，受入，閲覧各業務の部分的電算処理を開始した.²⁾

　1980年1月，学術審議会が「今後における学術情報システムの在り方について」を答申した．これ以降，B図書館を含むわが国の大学図書館は，現在の国立情報学研究所の学術情報ネットワークの中の一員として活動することになった.

　1991年7月，大学設置基準の改正が施行された．この施行以来，大学改革へ向けたさまざまな動きがみられた．B大学でも，教養部の廃止による学部一貫教育体制への移行や，大学院大学化など，教育・研究体制の変革が行われた.³⁾

　以上のような「情報化」の進展や教育・研究体制の変革などの環境変化に適

応するために，Ｂ図書館は，①電算機の導入にはじまる図書館業務のオンライン化，②学術文献データベースのネットワークサービス化，③資料の画像データベース化等の電子図書館化への取組み，④夜間開館の拡大，土曜日・日曜日・休日開館などの利用者サービスの拡充等を積極的に進めてきた[4]．

3）部分的電算処理と蔵書の遡及入力

　Ｂ図書館は，他大学の図書館に先駆けていち早く，電算化以前の蔵書のデータベース化に着手した．学術情報センターの支援の下，第1期遡及入力事業（1987～90年）を実施し，図書52万冊のデータ入力を行った．この事業は，Ｂ大学のみならず，発足間もない全国総合目録データベース構築に大きく貢献した．

　1990年10月には，全国初のデータベース入力100万冊を達成した．その後も，学内支援による第2期（1991～95年），そして第3期（1996～2000年）遡及入力事業が，継続して推進された．2001年3月末までに，89万冊の遡及入力が済み，全蔵書300数十万冊の75％をデータベース化した．この実績は，大規模図書館として全国に誇りうるものである[5]．

4）開館時間の延長と土・日・休日開館

　Ｂ図書館は，従来から存在した開館時間の延長を求める利用者の要望に応え，他大学の図書館に先駆けて，開館時間の延長と土曜日・日曜日・休日開館を進めてきた．

　従来，平日については，9時から19時まで開館していた．しかし，1981年9月からは20時まで，1997年4月からは22時まで延長した．土曜日については，1992年5月からは9時から16時30分まで，1999年4月からは30分延長し，17時まで開館した．

　日曜日・休日については，Ｂ図書館本館では1997年4月から，分館では1998年10月から，10時から17時まで開館するようになった．さらに，2000年4月か

らは，土曜日・日曜日・休日とも，9時30分から17時まで開館するようになっ
た[6].

　B図書館における開館日と開館時間の拡大は，全国的にみてもかなり早い時
期からの取組みである．さらに，現在の開館日と開館時間の充実度も非常に高
い．

5）開館の拡充にともなう運営体制の変化

　開館日と開館時間の拡充にともなって，運営体制に変化が生じた．平日と土
曜日の日中のみの開館であった頃は，全ての時間帯について，図書館本務職員
による運営が維持された．

　その後，日曜日開館の開始と，平日の閉館時刻の繰り下げにあわせて，運営
体制が変更された．平日については，日勤係員と夜勤係員による2交替制，土
曜日・日曜日・休日については，アウトソーシングに変更された．土曜日・日
曜日・休日担当者の人員選抜および事前研修は，委託者であるB図書館が行っ
てきた．大学図書館業務のアウトソーシングの妥当性に関しては，さまざまな
議論がある[7].

　B図書館の場合，平日と土曜日・日曜日・休日では，来館者層や来館目的が
異なるため，運営主体が別個のものとなることに関連して，特段の問題は生じ
ていない．

　平日は，日勤係員と夜勤係員の2交替制である．日勤と夜勤の係員は，夕方
の業務増にあわせて，一部の勤務時間が重複する．このため，係員相互間の
face-to-face での連携が容易となる利点が生じている．

　2000年代に入りB大学の独立行政法人化にともない，課長裁量の拡大や，
掛制度から担当制度への移行など，B図書館内での人事の裁量の余地が生まれ
た．この結果，例えば，業務の繁閑に応じて，担当業務を超えた支援が可能と
なるなどの利点が生じている．

6）図書館業務システムの稼働

　1986年 5 月から，図書館業務システムの一環として，貸出・返却がオンライン化された．さらに，自動貸出装置が1999年 3 月，分館に，2000年 3 月，本館にそれぞれ導入された．また，ブック・ディテクション・システム（BDS）が1994年 2 月，分館に，1997年 4 月，本館開架閲覧室に，2000年 3 月本館参考閲覧室にそれぞれ導入された．この BDS の導入により，利用者は，閲覧室へ鞄類を持ち込むことができるようになった．1999年には，本館・分館の開架閲覧室に，自動入館装置が導入された[8]．

　このような図書館業務システムの稼働，および部局図書室の図書業務統合による図書資料の集中により，図書館の利用者は漸増している．本館の館外貸出冊数の推移をみると，1986年度が約 6 万冊，2000年度が約11.5万冊，2007年度が約15万冊となっている[9]．

7）B 図書館と B 大学

　2001年11月の文部科学省高等教育局「大学（国立大学）の構造改革の方針」では，（1）国立大学の法人化，（2）国立大学の再編・統合による活性化，（3）第三者評価と競争原理の導入が示された．昨今の B 図書館を取巻く主要な環境変化としては，これら 3 つのうちの（1）と（3）の 2 つがあげられる．

　その後，「国立大学法人法」に基づき，B 大学は国立大学法人に移行した．

　B 図書館は，後述する認証評価制度の導入と関わりなく，上述のように一般開放や開館時間の拡大など，利用サービスの拡充に取組んできた．その際，常勤職員の勤務体制では，夜間開館や日曜日・休日の開館への対応が困難であった．

　法人化にともない，雇用や勤務体制などの人事は，大学の裁量となった．外部人材活用の可能性は拡大した．

8）職員削減とアウトソーシング

　B大学は，他の国立大と同様に，第10次定員削減計画（2001～2005年度）に基づき，職員定員を削減してきた．上述のように，この計画期間の途中，B大学は独立行政法人に移行した．しかし，職員定員削減の方針は継続された．法人化後は，さらに運営交付金（人件費）に対する効率化係数1％が掛けられることになった．

　B大学では，法人化後1年にあたり，130名の「事務系職員削減構想」と業務の「アウトソーシング導入案」が決定された．なお，この削減される130名の事務系職員の中には，図書館の職員も含まれていた．これを受け，B大学は2006～2009年度の人員削減を実施してきた．

9）図書館の開放と利用者層の変化

　B図書館では，従来より，研究機関の研究員などを対象とした開放が行われてきた．さらに，学校教育法改正に先駆けて，2003年から一般市民への開放が実施された．これは，行政評価局の要請を受けた措置であり，2004年の認証評価制度開始とは必ずしも関連していない．

　2003年の学校教育法改正では，国公私立大学を対象とした自己点検・評価と認証評価の義務付けが盛り込まれた．認証評価（機関別評価）は，7年に一度，文部科学大臣の認証を受けた認証評価機関が行う．各大学は，自己点検・評価報告書を作成して，認証評価機関に提出しなければならない．

　認証評価機関では，大学から提出された報告書の書面審査と実地視察審査を実施し，評価と改善すべき点の指摘を行う．改善が必要と指摘された場合，各大学は3年以内に対処することとされている．なお，認証機関の評価結果および改善すべき点は公表される．さらに国立大学法人の場合，法人評価（目標達成度評価）を受けなければならない．法人評価は6年に一度，文部科学省国立大学法人評価委員会が行う．

　認証評価基準には，大学図書館の運営実態が含まれている．評価対象は，設備やシステムの適切性，所蔵資料の質と量といったハードウェア面から，ネットワーク整備状況や開館時間までと多岐にわたる．注目すべきは，地域への開放状況を加味している点である[10]．

　B図書館では，B大学の教育研究を担う目的を第一義としており，当初は一般開放を行っていなかった．上述のように，その後，大学に対する社会貢献を求める声や，生涯学習の活発化を受けて，B図書館は，主体的に開放を進めてきた．

　一般開放に踏み切ったB図書館では，一般市民向けの利用条件を策定することとなった[11]．しかし，B図書館の運営の第一義は，あくまでもB大学の教育研究を担う点にある．学内利用者の利用を考慮し，また学内的な理解も得られるよう，一般市民向けの利用条件が定められた[12]．

　一般開放に対する社会的な認知度が高まるにつれ，利用者特性は多様化した．一般開放前，B図書館の来館利用者の大半は学内構成員であった．学外からの来館利用としては，他大学の教員や研究機関の職員の利用が多少みられる程度であった．これら利用者の属性や利用目的は，学内構成員と共通性がある．したがって，利用者への対応の標準化も比較的容易であり，想定外の事態は稀であったといえる．

　利用者特性の多様化とともに，利用者対応についても，従来はみられなかったケースが生じるようになる．例えば，B図書館では，多くの利用者が自らOPACを利用しており，図書館側も「パソコンの操作ができる利用者」を半ば前提としている面があった．しかし，利用者層の広がりにともない，「利用者はパソコンの操作ができる」という前提は，必ずしも通用しなくなった．係員にとって，パラダイムの転換ともいえる状況である．

　B大学全体の大学院大学化による社会人院生の増加も，利用者特性に急激な変化をもたらすトピックであった．

10) 窓口係員による部局図書室の案内

学外の利用者や学内の学生にとって，大学の組織構造は，必ずしも分かりやすいとはいえない．本館には，部局図書室・資料室に関する問い合わせも集中しがちである．部局図書室や資料室は，各部局の施設であり，本館の分室でもなければ，管理のもとにある訳でもない．しかし，利用者にとって，本館は，部局図書室・資料室を管理しているように映るようである．

本館の係員にとって，部局図書室・資料室に関する問い合わせへの対応は，本来の業務範囲からは外れている．業務範囲外であるから，詳細な通達等もない．とはいえ，部局図書室・資料室のwebページを参照するなどして，ある程度の案内は可能である．しかし，例えば，部局図書室・資料室が休日開室を謳っている場合であっても，休日は棟ごと施錠されており，出入口で当該部局の身分証をカードキーとして使用するケースがある．つまり，当該部局の構成員に対してのみ休日開室されているのであって，非構成員に対しては事実上開室していない．このように，webページ上の案内は，主に構成員を念頭に置いており，非構成員が案内とは異なる不便を強いられる事例もある．本館の窓口係員としては，誤った案内につながるおそれがあり，迂闊な案内をする訳にはいかない．しかし，利用者の視点からは，このような係員の態度は不親切，スキル不足，セクショナリズムなどと映るようだ．

11) 窓口係員の裁量の拡大と公平性

実務の場面では，さまざまな取扱が発生する．あらゆるケースを事前に想定して，取扱方として規定することは不可能に近い．現実的対応として，係員が適宜の判断を求められるケースも発生する．フロントオフィスでの対応が問われる一例である．

開館時間の拡充にともなって，管理者や常勤職員が不在となる時間帯が生じるようになった館は多い．こうした場合，迅速な対応を優先するためには，担

当係員の裁量範囲を拡大する必要が生じる．

　担当係員の裁量範囲を拡大した場合，係員によって取扱が異なることとなり，取扱の公平性・統一性が図られないというデメリットが生じる．後日，「前回は許可されたのに，今回は何故駄目なのか」などの問題を生じる懸念は否定できない．しかし，「係員の経験ある判断，円満な常識によることがより良い場合も多い¹³⁾」面もある．

　専門性の高い蔵書を揃えた大学図書館の場合，生活圏を超えて遠方から来館する利用者も見受けられる．これら利用者は，貸出を受けたものの，返却したくてもできないというケースが生じることがある．返却しやすい仕組みを導入するなどの検討の余地する必要があろう．これらはバックオフィスでの対応となるケースである．

12)　競争上の要請

　バブル崩壊後の長期不況，少子化の進行，国・自治体の財政危機，大学への予算配分方式の転換などを背景として，大学間の競争は厳しさを増しつつある．学術情報サービスなどに関して，大学附属図書館が，大学の競争力の向上に貢献する途もある．

　2007年４月，Ｂ図書館は，学術成果コレクションの運用を開始した．当学術成果コレクションは，Ｂ大学の研究者や博士課程後期学生等が著した学術論文，学会発表資料，教育資料等をインターネット等によって公開するものである．

　2008年３月31日現在，当学術成果コレクションは，約800名の研究者による約２万3000文献を擁する世界有数の機関成果コレクションとなった．収録文献の利用は，学外からの利用が大部分を占め，累積ダウンロード数は150万回を突破した¹⁴⁾．

▰ 2 事例の分析

1節において，B図書館の窓口業務に影響を及ぼした出来事を記述してきた．本節では，事例の分析を試み，B図書館の窓口業務におけるタスク多様性の規定要因に関する一般化可能性の高い仮説命題を析出する．

1）窓口業務の組織間環境要因（IOE）とマネジメント要因（O）

上述のように，文部科学省は，学校教育法を改正し，B大学を含む国立大学に対し自己点検・評価と認証評価を義務付けた．国立大学法人の評価は6年に一度，文部科学省国立大学法人評価委員会が行う．この認証評価の義務付けにより，B図書館を含む国立大学附属図書館に対して，①経営感覚の醸成，②大学内での役割の確立と基盤の強化，③地域社会や産業界との連携と交流，④利用者の視点に立ったサービス，⑤国際化と国際競争力強化，⑥附属図書館職員の採用と育成にかかる新システムの確立を求めた[15]．このうち，③，④，⑥の3つは，窓口業務との関連が強い項目である．

こうした文部科学省等の政策の変化および情報通信技術の進展に適応するために，上述のように，B図書館は，①電子図書館化，②夜間開館の拡大，土曜日・日曜日・休日開館等の利用者サービスの拡充，③組織構造の変革等を積極的に進めてきた[16]．

以上のように，B大学は，文部科学省等の影響下にある．文部科学省等の政策は，B大学を通じて，B図書館の窓口業務に影響を与える．したがって，文部科学省等は，B図書館の窓口業務のタスク多様性を生み出す主要な組織間環境要因である．

B図書館はB大学の一部門として運営されている．運営母体であるB大学とB図書館との関係は，組織内部における権限関係である．図書館の予算や

人員配置をはじめ，運営母体である大学の裁量は大きい．したがって，B図書館の窓口業務におけるタスク多様性を生み出すもう1つの要因は，大学のマネジメントである．

　文部科学省とB大学との関係，および大学と図書館との関係は，いずれも垂直的な関係である．B図書館の窓口業務は，これら2つの垂直的関係の中で展開されている．

　B大学では，2007年4月から，全学の図書室の管理部門をB図書館へ統合した．部局図書室の管理部門の統合は，窓口業務とは直接関連するものではない．しかし，この業務統合にともない，資料の移管や，B図書館と部局図書室との間での業務の配分・負担などの変化が生じた．

　窓口業務に直結する変化としては，統合後の部局図書室に対するサポートが生じたことが挙げられる．職員削減は全学的な動きである．しかし，職員削減により，もともと小人数体制であった部局図書室では，管理部門の切り離しによって，1人体制となるケースが出てきた．部局図書室の負担増はもちろんのこと，B図書館にも新たな業務が生じた．1人のみの部局図書室担当者が，会議等に出席する場合などは，部局図書室は無人となる．このため，部局図書室からの要請に応じて，B図書館側から代理の係員を派遣することとなった．

　利用条件等のルールや処理方法は，部局図書室ごとに異なる．部局ごとの特性に応じたノウハウも必要である．タイムスケジュールの調整も必要であり，部局図書室の係員とB図書館の係員の双方の負担が増すこととなった[17]．

　以上説明してきた部局図書室を持っている研究科・研究院等とB図書館との関係は，水平的な関係である．B図書館の窓口業務は，この水平的関係の中で展開されている．

　B図書館を取巻く「文部科学省等の大学政策」，「進歩した情報通信技術の組織による採用」，「他部局との部門間関係」の3つは，B図書館の窓口業務のタスク多様性を生み出す組織間環境要因およびマネジメント要因を構成してい

る.

以上の分析に基づいて，仮説1と仮説2が導出された.

仮説1：タスク多様性の組織間環境要因は,「文部科学省等の大学政策」である.

仮説2：タスク多様性のマネジメント要因は,「他部局との部門間関係」と「進歩した情報通信技術の組織による採用」である.

2）利用者(C)―係員(A)間の相互作用

本章の分析対象は，大学図書館の貸出窓口業務である．先に述べたように，貸出窓口では，公式化されたルーティンワークが日常業務の過半となる．他方，レファレンス窓口では，利用者の個別の求めに応じて問題解決を図っている．レファレンス業務はソリューションサービスの一種であり，貸出業務とは異なる性質をもつ.

貸出窓口には，不特定多数の利用者が訪れる．貸出窓口には，これら不特定多数の利用者に対して，あまねく迅速・公平なサービスを提供することが求められている．詳細な制度によって取扱を標準化し，利用者に対して均等に，制度に即した処理を行うほうが合理的である.

しかし実態としては，貸出窓口の業務とレファレンス窓口の業務は重複する部分が多い．貸出窓口での応対が，いつの間にかレファレンスに発展するケースがあるからである．夜間や土曜日・日曜日・休日など，レファレンスサービスを行わない時間帯は，さらにその傾向が強まる．貸出窓口の係員も，本来の業務に支障がない範囲であれば，可能な限り利用者の求めに対応しようとする．公式化された業務だけを遂行すればよいというものではない.

大学の認証評価制度や自己評価の導入により，大学図書館のサービスの評価

項目も変わりつつある．所蔵資料数，利用者数などの定量的な指標に加えて，利用者期待度や利用者満足度など，定性的な項目を数値化して盛り込んだ利用者視点による評価が近い将来試みられよう（例えば，SERVQUAL をベースとした LibQUAL+）[18]．

　上述のように，窓口は，利用者と直接対面する部門である．図書館利用者の利用目的，利用形態，ニーズは多様である．一方，窓口業務では，全ての利用者に対して，制度に即した公平なサービスを提供することが要請されている．多様なニーズへの対応と公平なサービスの実現は，一部分，トレードオフの関係にある．すなわち，利用者視点による評価が重視されつつある現在，窓口係員は制度遵守と，目の前にいる利用者のニーズ充足という「競合する目標を同時に達成する」という難しい課題に直面している．利用者（C）—係員（A）間の相互作用はタスクの多様性を高める要因である．

　以上の分析より，仮説3が導出された．

仮説3：利用者(C)—係員(A)間の相互作用において生じるタスク多様性の局所的作業環境要因は，「競合する目標の同時達成」である．

3）係員(A)—端末(M)間の相互作用

　係員(A)—端末(M)間の相互作用は，係員と端末のマン—マシン関係を表している．業務の合理化を目的として，窓口業務では，業務用アプリケーションの導入が進行している．業務用アプリケーションは，図書館業務システムの一部分を構成している．

　図書館業務システムは，納入された資料の登録や利用者情報の登録・変更，資料の貸出・返却処理など図書館業務を広くサポートする．窓口業務で必要とする機能は，利用者への応対に直結する部分である．利用者情報の登録・変更処理および資料の貸出・返却処理が中心である．納入された資料の登録・除籍

などは，利用者への応対には直結しない内部的な業務である．分業化されたB
図書館の場合，窓口業務とは別の部署に属する図書受入担当，雑誌受入担当，
システム管理担当，目録担当の職員等が行っている．

　窓口業務の電算化は，業務の作業負荷軽減に大きく貢献した．例えば，貸出
を1件取扱う際，必要となるチェック項目は多岐にわたる．利用者の身分によっ
て，貸出条件（貸出の可否，貸出期間，貸出限度冊数など）が異なっている．また，
資料の種類（開架資料，閉架書庫資料，新着雑誌，雑誌のバックナンバー，CD-ROM等）
ごとに貸出条件が異なっている．利用者の身分に応じた貸出条件と，資料の種
類に応じた貸出条件を，組み合わせて運用されている．さらに延滞がある場合
の罰則も考慮される．提出された手書き伝票を確認，分類，収納する必要があ
り，非常に面倒である．仮に，以上の貸出処理を手作業で行うとすれば，煩雑
を極めるであろう．

　B図書館では，電算化により，複雑な貸出条件の判断および処理は，システ
ムに一任されるようになった．貸出の可否や返却期限は自動的に判断されるの
で，係員は端末画面上で確認すればよい．伝票の処理も生じない．貸出限度冊
数を超過する場合や，延滞による罰則が適用される場合など，貸出ができない
場合には処理が中断され，端末画面上にエラーメッセージが表示される．

　図書館業務システムは，インターネットとの接続によって業務の更なる負担
軽減を可能にした．負担の軽減を可能にしたのは，第1に，自動化である．延
滞資料の督促が一例としてあげられる．従来，延滞資料の督促は，係員の電話
連絡によるものであった．図書館業務システムとe-mailを組み合わせること
によって，延滞資料の督促は自動化が可能となった．

　第2に，利用者自身によるセルフサービス化である．資料の貸出予約が一例
としてあげられる．従来，必要とする資料が他の利用者に貸出中の場合，貸出
予約はカウンターでの手作業による処理が必要であった．図書館業務システ
ム，蔵書検索システム，インターネットの3つの連携により，貸出予約の作業

はセルフサービス化が可能となった．来館の必要はなく，係員による応対も必要としない．

　他方，機械化・電算化には，マン―マシン問題の存在が指摘される．機械化・電算化とは，従来人手に頼っていた作業の一部を機器に代替させることである．人間と機器の協働によって生産性を向上させることを企図している．しかし，人間と機器の接点（インタフェース）が不適切である場合，生産性の向上は制約される．大規模プラントや航空分野などでは，事故の要因となることもある．

　コンピュータを用いた作業の問題点として，直接性，同型性，タスクとの対峙性の欠如が指摘される[19)]．コンピュータ操作の場合，操作者は機器操作と機器の動作との因果関係に実感をもちにくい．また，簡単なボタン操作であるため，押し間違えやモードエラーが生じやすいことが指摘されている．

　タスクのうち自動化する部分と係員に委ねる部分を決定するのはシステム設計者である[20)]．システム設計時に，比較的容易に自動化可能か否が判断の分かれ目となるため，現場の事情よりもシステム設計者の事情が反映される．

　例えば，複数の小冊子が木箱等に収められた資料は，制度上まとめて 1 冊として貸出を行う場合がある．しかし管理上，小冊子には 1 冊ごとにバーコード・シールが貼布されている．貸出時には，全ての冊子のバーコードを読み取って機械処理することしている．10冊の小冊子であれば，システム上は10冊の貸出としてカウントされるため，貸出限度冊数オーバーとしてエラー回答されることがある．システムが対応しない以上，係員が対処しなければならない．係員はこの仕様を記憶しておき，必要が生じた際には手作業で対応しなければならない．

　実務において，本例の発生頻度は低い．発生頻度が低いということは，問題化する頻度も低いということである．しかし低頻度ゆえに，人間の記憶は薄らぐものである．人間の生理的機能や性質を変えることは困難である．システム設計を工夫して，人間に適応させることが好ましい．システムの設計者は，シ

ステムと係員を1つのまとまった単位として考える必要がある[21]. 近年では, 従来の「技術主導の自動化」の反省から,「人間中心の自動化」が重視されている[22]. 機器設計においては, (1) 人間の認知特性に合わせて機械の状態を人間が直感的に把握し, 理解しやすくする, (2) 人間が操作を誤ってもカバーする仕組みを組み込む, という方向に技術開発が移行した.

B図書館では, 上述のように, 国内の図書館としては先駆けともいえる時期の1985年4月に電算化を実施した. その際, 学術情報課が新設された. 以降, 数度にわたるシステム更新を実施している.

初期のシステムは, まだ導入例が少なかったために, オーダーメイドに近い独自色の強いものであった. しかし現在では, ベンダー主導で設計されたパッケージを導入している. したがって, B図書館の要望に基づく機能の改修は容易になった. もちろん, 機能の改修をするか否かは, 費用対効果の問題である.

以上の分析より, 仮説4が導出された.

> 仮説4：大学図書館の窓口業務において, 係員(A)—端末(M)間の相互作用において生じるタスク多様性の局所的作業環境要因は,「システム設計の問題」と「例外的タスクの発生頻度」である.

4) 係員(A)—サポート部門(S)間の相互作用

係員(A)—サポート部門(S)間の相互作用は, 係員とサポート部門の関係性を表している. サポート部門は, 同じ部署の上司のほか, 他部署(システム管理担当, 利用支援担当, 情報リテラシー担当, 相互利用担当, 図書受入担当, 雑誌受入担当, 目録担当, 研究科・研究院図書室の図書担当等) の要員が含まれる. サポート要求は, 技術的な情報や制度的な情報を得るために, あるいは決裁を求めるために行われる.

航空エンジニアリング会社で開発されたMESH (Managing Engineering Safety Health) では, ラインにおける評点ポイントの1つとして, 他部門からの支援

をあげている．現場係員に対する管理監督者のサポートは，現場係員の満足度
と定着およびサービスの品質向上に寄与する²³⁾．

　赤岡は，JR 旅客会社の窓口業務を対象とした調査研究において，窓口係員
(A)―サポート部門(S)間の相互作用において生じる問題として，情報の歪みと
気軽に質問できる仕組みの欠如を指摘している．情報の歪みとは，いわゆる伝
言ゲーム問題である．コミュニケーションが多段階となる場合や，窓口とサポー
ト部門が距離的に離れており，連絡を電話に頼る場合には，顕著化する．人間
同士のコミュニケーションは，言葉を聞く聴覚以外に，見ぶり手ぶりや表情な
どを見る視覚にも依存するからである．A 鉄道会社の窓口業務の場合，窓口
は各駅に散在する．一方，旅客指令等の指令箇所は，広範囲・多数の駅を集約
する形で設置されている．窓口とサポート部門は，距離的に離れている²⁴⁾．

　近年，大学を取巻く環境変化への対応として，大学の統合が実施される例も
相次いでいる．この場合，1 つの大学に複数のキャンパスが所在することにな
る．統合前は，それぞれの大学に図書館が所在した．これらの図書館は大学ご
とに運営されるものであったため，施設・蔵書に加えて，サポート部門もそれ
ぞれの大学ごとに設置されていた．

　大学統合にともない，図書館の組織再編が行われた場合，サポート部門の統
合が実施されることがある．この場合，サポート部門をもたない館が生じるこ
ととなる．サポート部門をもたない館とサポート部門は，距離的に離れており，
電話によるサポートへの依存度が高まる．電話によってシステムトラブルの状
況を説明したり，サジェスチョンを与えたりすることは難しさをともなう．必
要に応じてシステム部門から担当者が出向くことは可能であるものの，距離的
な隔たりは，サポートに影響を及ぼすことがある．

　B 図書館の場合，1 つを除き全ての部署が 1 つの建物内や敷地内に所在して
いる．電話によりサポートを求める場合もあるが，複雑なケースと判断される
場合，直接担当者が出向くことが容易である．距離的な理由で窓口係員(A)―

サポート部門（S）間の相互作用に支障が生じる可能性は極めて低い.

　なお，先に述べたとおり，大学改革の一環などにより開館時間が延長されている場合，時間的な理由により，窓口係員（A）—サポート部門（S）間の相互作用が制約されることがある.開館時間の延長によって，毎日朝から晩まで開館する場合，従来の本務職員だけでは対応できない.人材派遣，あるいは一部時間帯のみの業務委託をする必要が生じる.この場合，平日日中と，その他の時間帯では別の係員が勤務する体系となる.なお，開館時間の延長は利用機会の拡大を企図したものである.夜間および土休日は，利用者応対を行うカウンターのみオープンし，システム担当部署など，利用者応対を行わない部署は無人というケースがある.結果として，係員がサポート部門のサポートを受けられない時間帯が発生する.また，本務職員と接点をもたない係員も生じる.本務職員が不在となる夜間や土休日に，取扱について疑義が生じた場合，係員は即座に照会することができない.この場合，文書による引継事項などとして保留せざるを得ない.円滑なコミュニケーションの実現に向けて，検討の余地があろう.

　以上の分析より，仮説5が導出された.

　　仮説5：係員（A）—サポート部門（S）間の相互作用において生じるタスク多様性の局所的作業環境要因は，「係員とサポート部門の時間的な隔たり」である.

◤3　ヒューマンエラー防止に向けて

　B図書館の貸出窓口業務の場合，レファレンス業務と比較して，取扱の公平性と迅速性がより求められる.公平,迅速,正確なサービスを期するうえでは，想定される取扱をあらかじめ標準化し，ルーティンの比率を高めることが有効

である．既存のルーティンで処理できない事案は，タスク多様性を高め，効率的なオペレーションを困難にする．

　タスク多様性を高める要因は，組織間環境要因，マネジメント要因，局所的作業環境の3つが想定された．このうち，組織間環境要因は，マネジメント要因の背後に存在し，マネジメント要因に影響を及ぼす．マネジメント要因は，局所的作業環境の背後に存在し，局所的作業環境に影響を及ぼす．局所的作業環境は，利用者(C)―係員(A)間の相互作用，係員(A)―端末(M)間の相互作用，係員(A)―サポート部門(S)間の相互作用の3つにそれぞれ影響を及ぼす．タスク多様性を高める要因に関して，上記の仮説1〜仮説5が導出された．今後は，サービス組織の窓口業務におけるタスク多様性を高めるこれら要因間にはいかなる相互関係があるのか，さらには，これらの要因間の相互関係が組織有効性にいかなる影響を及ぼすのかを解明する必要がある．

　現在，B図書館を取巻く環境は大きな変革期にある．B図書館では，利用者満足の重視，組織再編，外部リソースの活用等の方法によって，この変革期の環境へ適応しようとしている．サービス組織をはじめとする制度志向サービス組織は本来，安定した環境・技術に適合的である．図書館は，安定的な業務の性質と事業の公益性の高さから，制度志向サービス組織としての性質を持っている．しかし，組織再編や外部リソースの活用は，図書館運営に大きく影響する．また，利用者の期待や評価は多様かつ不安定であるものの，図書館運営における重要度は増している．現在，B図書館では，組織有効性を高めるべく変革期の環境と組織ルーティンとのギャップの克服に努力している．

　キャメロンによれば，大学における外的有効性（学生のキャリア開発や地域との交流等の対外的に目立つ成果等）と内的有効性（学生への充実した一般教養教育や教員の高水準の研究等）の両立は困難とされる[25]．大学およびその教育と研究を支援する大学附属図書館にとって，外的有効性と内的有効性の両立は厳しい課題ではある．しかし，B大学とB図書館は，この両立を懸命に実現しようとしている．

注

1）北海道大学百二十五年史編纂室（2003），p.1279.

2）*ibid.*, p.1288.

3）*ibid.*, p.1278.

4）*ibid.*, p.1279.

5）*ibid.*, pp.1290–1291.

6）*ibid.*, p.1292.

7）近年，大学図書館では，人材派遣などの導入を含む広義のアウトソーシングが進行している．この動きは図書館に限定されない．一般に，アウトソーシング導入のメリットとしては，（1）組織が所有する資源を重点分野・成長分野に集中配分できるため，資源の有効活用がはかられること，（2）人件費が変動費化かつ低減されること，（3）受託業者が所有する能力を利用できることなどが指摘されている．

　一方，デメリットとしては，（1）請負の場合，発注者が直接指示を出すことができず，間接的なコントロールとなること，（2）常勤職員との協働に支障する場合があること，（3）発注者において，能力の空洞化につながること，（4）受託業者への依存が高まると，事実上の主導権が受託業者に移りかねないこと，（5）受託業者を通じた情報漏洩のリスクがあることが指摘されている．

8）*ibid.*, pp.1292–1293.

9）*ibid.*, p.1293.

10) 数字で見る日本の図書館その36「日本の図書館2006」大学図書館におけるその他のデータ「学外者へのサービス」と「利用教育」,『図書館雑誌』102（2），pp.114–115. 認証評価制度は，開放化の流れをさらに加速することとなった．日本図書館協会調査事業委員会調査「日本の図書館2006」によれば，国公私立大図書館1297館のうち，学外者へのサービスを実施する館は8割強の1086館である．

11) 畠山（1989）によれば，複雑化したルールは，第一線職員によるルールの取捨選択を生むことになる．すなわち，現場では従うべきルールとそれ以外のルールへの分類が行われる．ただし，ルールの取捨選択は，必ずしも恣意的に行われる訳ではない．

12) 赤岡（2008）によれば，滅多に使わないルールは忘れやすい．どのような場面で使えばよいのか，イメージが掴めないルールも同様である．また，例外規定の追加やローカル・ルールの制定は，制定の経緯を熟知する制度担当者や一部ベテラン職員には無理なく理解できるが，制定の経緯を知らない職員には難解な制度と映る．キャリアの浅い係員ほど制度の丸暗記を強いられ，混乱のもととなる．独特の制度解釈も同様の問題を含むと考えられる．

13) 小布施（2007）.

14)『北海道大学附属図書館概要2008』p.14.

15）三浦（2004）.

16）『北海道大学附属図書館概要2008』p.1279.

17）ウォルトン＆ダットンによれば，同一組織内における部門間関係は，（1）コンフリクト戦略（情報操作，リソースの独占，規則操作，組織構造の操作），（2）部門間協力の度合（各部門共通の期待が存在するか，部門間の友好関係，部門間に共通の問題認識と解消，部門間コミュニケーションの容易さ），（3）部門間関係の特性（部門間の情報交換のしくみ，意志決定は各部門共同で行われるか，他部門に対する態度）によって規定される［Walton & Dutton（1969）］.

18）北米研究図書館協会によって開発された指標であり，今日では，わが国の一部の図書館で用いられている.

19）海保・田辺（1996）.

20）Bainbridge（1983）.

21）Oug（1992）.

22）吉川・下田（2001）.

23）Eustis, Kane & Fischer（1993）, 小林（2007）.

24）赤岡（2008）.

25）Cameron（1981）.

第6章 制度志向サービス組織における ヒューマンエラー防止のために

1　ヒューマンエラー防止の仮説命題

本書の目的は，2つの事例研究を試みることにより，制度志向サービス組織におけるヒューマンエラーの解明と防止策に関する一般化可能性の高い仮説命題を析出することである．分析の結果，次のような5つの仮説命題が析出された．

1）A鉄道会社の窓口業務に関する仮説命題

仮説1：タスク多様性の組織間環境要因は，「グループを構成する同業各社間の問題認識の相違」である．

仮説2：タスク多様性のマネジメント要因は，「ルールの問題」，「訓練の問題」，「情報資源の活用の問題」および「分業の逆機能」である．

仮説3：利用者(C)―係員(A)間の相互作用において生じるタスク多様性の局所的作業環境要因は「競合する目標の同時達成」と「タイムプレッシャー」である．

仮説4：係員(A)―端末(M)間の相互作用において生じるタスク多様性の局所的作業環境要因は「未経験では使いにくい端末」である．

仮説5：係員(A)─サポート部門(S)間の相互作用において生じるタスク多様性の局所的作業環境要因は「職場の人間関係」である.

2）B図書館の窓口業務に関する仮説命題

仮説1：タスク多様性の組織間環境要因は,「文部科学省等の大学政策」である.

仮説2：タスク多様性のマネジメント要因は,「他部局との部門間関係」と「進歩した情報通信技術の組織による採用」である.

仮説3：利用者(C)─係員(A)間の相互作用において生じるタスク多様性の局所的作業環境要因は,「競合する目標の同時達成」である.

仮説4：大学図書館の窓口業務において,係員(A)─端末(M)間の相互作用において生じるタスク多様性の局所的作業環境要因は,「システム設計の問題」と「例外的タスクの発生頻度」である.

仮説5：係員(A)─サポート部門(S)間の相互作用において生じるタスク多様性の局所的作業環境要因は,「係員とサポート部門の時間的な隔たり」である.

▼ 2 本書の意義と今後の課題

本書の意義は,第1に,サービス組織を顧客志向と制度志向に分類した点である.電話会社,鉄道会社,行政機関など,公益性の高いサービスを提供する組織の場合,原則として利用の申込を拒むことができないほか,取扱の公平性・

迅速性・正確性が重要である．このため，詳細な取扱方を制定し，係員は所定の取扱方に沿って業務を遂行することが求められる．

　取扱方とは，組織から現場係員に対する指示でもある．係員は，所定の取扱方に沿った取扱を行わなければならない．しかし制度志向サービス組織とはいえ，近年では顧客満足と無縁ではない．顧客のニーズは一様ではないから，顧客満足とは顧客1人ひとりの要望に応えることと近似である．所定の取扱方に即した画一的な取扱とは相反することがある．係員は，取扱方の遵守と，顧客満足のダブル・バインドに置かれている．

　第2に，サービス組織におけるヒューマンエラーの発生メカニズムを詳述した点である．従来のヒューマンエラー研究は，大規模プラント，航空，医療看護などを主なフィールドとしており，サービス組織を対象とした研究は僅少であった．

　また，サービス組織を対象とした従来のヒューマンエラー研究では，ヒューマンエラーの定義が流動的であり，ヒューマンエラーと顧客満足の問題が混同される傾向にあった．これが，サービス組織におけるヒューマンエラーを困難なものとしてきたといえる．本書は，研究対象を制度志向サービス組織に限定することにより，ヒューマンエラーと顧客満足の問題を別個の概念と定義した．サービス組織を対象とするヒューマンエラー研究に一定の道筋をたてるものである．

　第3に，ヒューマンエラー発生メカニズムにおいて，他組織との組織間環境の影響に着目した点である．コンティンジェンシー理論にみられるように，組織は組織を取巻く外部環境の影響を受ける．しかし，従来のヒューマンエラー研究では，外部環境に対する考慮が限定的であった．これは，従来のヒューマンエラー研究，あるいはヒューマンエラー要因の解明プロセスにおいて，ストップルールの導入が行われてきたことと関連する．

　ストップルールとは，ヒューマンエラーの背景要因を追究する際に，自組織

にとって操作可能ではない要因までは追究しないというルールである．従来の
ヒューマンエラー研究においては，他組織は，自組織によるコントロールが及
ばないとの観点に立脚し，仮に他組織が自組織におけるヒューマンエラーの要
因を生んでいたとしても，操作不可能なものとして取扱われてきた．外部環境
に対する操作可能性は考慮されず，単に与件として取扱われてきたといえる．

　しかしながら，組織間関係は，所管官庁―自組織といった垂直的なものに限
定されない．自組織―納入業者，自組織―グループ他社など，水平的な関係も
存在する．水平的な組織間関係の場合，操作可能性は拡大する．このため本研
究では，組織間関係が与える影響についても考慮することとした．

　本書の課題は，第1に，制度志向サービス組織，顧客志向サービス組織およ
び製造業組織との比較検討を試みることである．例えば，顧客満足という概念
は，サービス業種では発生するが，製造業組織では考慮されない．さらには，
顧客に対する取扱の公平性は制度志向サービス組織において求められるが，顧
客志向サービス組織および製造業組織では求められない．

　第2に，本研究で取扱わなかったヒューマンエラー要因を検討することであ
る．一般に，ヒューマンエラー要因として，疲労などの生理的要因などの影響
が指摘されている．こうした要因の影響も検討されるべきである．さらに，本
書で取りあげたタスク多様性要因を，タスクの異質性とタスクの不安定性に区
分し，それらの個々の要因とヒューマンエラーとの相互関係も分析されるべき
であろう．

　第3に，ヒューマンエラーと組織有効性の関係をより精緻に分析することで
ある．ヒューマンエラーの生起は組織有効性を低下させると考えられる．しか
し，ヒューマンエラーが皆無であっても，顧客満足は上がらず，組織有効性は
向上しないと考えられる．さらに，ヒューマンエラーによって，顧客に利得を
もたらす場合もある．ヒューマンエラーと組織有効性の関係は複雑である．

　第4に，情報技術のさらなる進展，人手不足，鉄道にあっては2020年春に始

まる新型コロナウィルス感染症に起因する収益悪化などの要因により，現在，対面サービス（有人サービス）自体が大きな転機を迎えている．ネット予約やチケットレス乗車により対面サービスを省略する方策のほか，顧客操作型の多機能端末を駅などのサービス拠点に配備して顧客自身による操作にて手続きを完了させ，係員による顧客対応を軽減させる動きも進行している．

　あるいは，顧客操作型多機能端末に通信でオペレーターを呼び出す機能を付加し，遠隔ながら対話による顧客対応を可能としたタイプも存在する．人的な対応が削減できていないとの指摘もあろうが，コールセンターに係員を集中させることで効率化に寄与するという．各駅に係員を配置し，しかも各駅で窓口利用者がいない手待ち時間が発生するという非効率が改善されるためである[1)]．

　現在は有人サービスから顧客操作型多機能端末の過渡期といえる段階のため，多機能券売機を前に発券操作に戸惑う旅客を駅係員が並び立ってサポートするなど，過渡期にありがちなややスマートさを欠く状況も生じている．しかし，今後の改善の積み重ねにより，将来的に完成度は高まるであろう．

　そうなると，顧客と係員の相互作用は，本研究の理論的枠組で示した形式とは異なるものとなる．本研究は対面接客サービスを対象とするため，理論的枠組においても，顧客と係員の相互作用は対面となるものを前提としている．しかしながら，上に述べたように，顧客と係員の相互作用が回線越しとなると，顧客と係員間の相互作用において発生するヒューマンエラーの要因も異なってくる．先に述べたように，対面環境において発生するヒューマンエラー要因と，回線越しの環境におけるヒューマンエラー要因は異なるからである．

　さらには，本研究では考慮しなかったが，顧客操作型多機能端末の普及に伴い，顧客がオペレーターとの通信機能を有する顧客操作型多機能端末を操作し，それを顧客の横に並び立つ駅係員が操作などサポートする，という状況も見られるようになった．本研究の理論的枠組では，利用者が係員にオーダーを行い，係員が端末を操作する，という形式でのサービス場面を想定している．利用者

と端末の間に直接のインタラクションは存在せず，あくまで利用者と端末は，中間に係員を介して間接的につながるのみであった．利用者と係員が並び立ち，1つの端末を操作するという形式は，理論的枠組の想定にはなかったものである．こういった状況下でのヒューマンエラーも今後検討の余地があろう．

注
1）辻巻伸・中村一廣・高井利之（2003）.

参 考 文 献

赤岡広周（2008），「対面接客サービスにおけるヒューマンエラーのマネジメント要因」『実践経営学会機関誌』45, pp. 125-131.

Albrecht, K., and R. Zemke (1985), *Service America!*, Dow Jones-Irwin Inc.（野田一夫監訳『サービス・マネジメント革命』HBJ 出版局 , 1988）.

Aldrich, H., and D. Herker (1977), "Boundary Spanning Roles and Organization Structure," *Academy of Management Review*, 2 （ 2 ）, pp. 217-230.

Bainbridge, L. (1983), "Ironies of Automation," *Automatica*, 19 （ 6 ）, pp. 775-779.

Barnard, C. I. (1938), *The Functions of the Executive*, Boston: Harvard University Press.（山本安次郎・田杉競・飯野春樹訳『新訳 経営者の役割』ダイヤモンド社 , 1968）.

Bitner, M. J., B. H. Booms, and L. A. Mohr (1994), "Critical Service Encounters: The Employee's Viewpoint," *Journal of Marketing*, 58 （ 4 ）, pp. 95-106.

Bitner, M. J., B. H. Booms, and M. S. Tetreault (1990), "The Service Encounter: Diagnosing Favorable and Unfavorable Incidents," *Journal of Marketing*, 54 （ 1 ）, pp. 71-84.

Cameron, K. S. (1981), "Domains of Organizational Effectiveness in Colleges and Universities," *Academy of Management Journal*, 24 （ 1 ）, pp. 25-47.

———— (1986), "Effectiveness As Paradox: Consensus and Conflict in Conceptions of Organizational Effectiveness," *Management Science*, 32 （ 5 ）, pp. 539-553.

Carlzon, J. (1985), *Riv Pyramiderna*, Albert Bonniers Forlag AB.（堤猶二訳『真実の瞬間』ダイヤモンド社 , 1990）.

Chen, A. C. (2000), *Human Error Analysis for Customer Service Quality: An Ergonomic Approach toward Service Quality Improvement*, Ph. D. Dissertation, State University of New York at Buffalo.

DiMaggio, P. J. and W. W. Powell (1983), "The Iron Cage Revised: Institutional Isomorphism and Collective Rationality in Organizational Fields," *American Sociological Review*, 48 （ 2 ）, pp. 147-160.

Downs, A. (1957), *An economic theory of democracy*, Harper & Row.

Eustis, N. N., R. A. Kane, and L. R. Fischer (1993), "Home Care Quality and the Home Care Worker: Beyond Quality Assurance as Usual," *Gerontologist*, 33 （ 1 ）, pp. 64-73.

藤村和宏 (2004),「サービス組織のコミュニケーション戦略　コミュニケーション・ツールとしてのプロモーションおよび追加的戦略要素」『香川大学経済論叢』77（1）, pp. 1-70.

George, J. M. and G. R. Jones (1991), "Towards an Understanding of Customer Service Quality," *Journal of Managerial Issues*, 3（2）, pp. 220-238.

Gronroos, C. (1984), "A Service Quality Model and Its Marketing Implications," *European Journal of Marketing*, 18（4）, pp. 539-553.

Gortner, H. F. (1977), *Administration in the public sector*, Wiley.

畠山弘文 (1989),『官僚制支配の日常構造　善意による支配とは何か』三一書房.

畠山芳雄 (1988),『サービスの品質とは何か』日本能率協会.

Hobbs, A. and A. Williamson (2002), "Skills, Rules, Knowledge in Aircraft Maintenance: Errors in Context," *Ergonomics*, 45（4）, pp. 290-308.

北海道大学百二十五年史編纂室編 (2003),『北大百二十五年史　通説編』北海道大学.

北海道大学附属図書館編 (2005),『北海道大学附属図書館概要　2005』北海道大学附属図書館.

─────(2006),『北海道大学附属図書館概要　2006』北海道大学附属図書館.

─────(2008),『北海道大学附属図書館概要　2008』北海道大学附属図書館.

Homans, G. C. (1974), *Social behavior: its elementary forms*, Harcourt, Brace, Jovanovich.（橋本茂訳『社会行動──その基本形態』誠信書房, 1978）.

本田弘, (1993),『行政管理のシステム』勁草書房.

岩田昭男 (2015)『挑戦と逆転の切り札』幻冬舎.

─────(2017)『Suica が世界を制覇する』朝日新聞出版.

海保博之・田辺文也 (1996),『ヒューマン・エラー　誤りからみる人と社会の深層』, 新曜社.

加藤久明 (2006),「非営利組織と規模の戦略　公共図書館の経営プロセス解体」『千葉商大論叢』43（3/4）, pp. 119-137.

Kerry, S. W., K. D. Hoffman, and M. A. Davis (1993), "A Typology of Retail Failures and Recoveries," *Journal of Retailing*, 69（4）, pp. 429-452.

菊地彰 (2006),「地方行政組織の活性化を阻害する要因についての一考察：自治体 A におけるヒアリング調査の結果からの分析と考察」『広島大学経済論叢』30（2）, pp. 73-80.

小林美亜 (2007),「職員（内部顧客）満足評価　アウトカム指標としての活用」『INR』133, pp. 25-32.

小松原明哲 (2016)『安全人間工学の理論と技術──ヒューマンエラーの防止と現場力の向上』丸善出版.

小菅竜介 (2006),「顧客接触と顧客志向　市場志向研究の方法論的再検討」『組織科学』40（2）, pp. 52-61.

Matthews, J. R.（2007）, *The Evaluation and Measurement of Library Services*, Libraries Unlimited.

根本逸平・國廣一則・小西勇介・坂入整（2022）「案内 AI ロボットの学習・運用を効率化する共通基盤の開発」『JR EAST Technical Review』68, pp. 20–24.

三浦春政（2004）,「国立大学法人化と大学図書館」『大学図書館研究』70, pp. 9–12.

中條武志（2002）,「人間行動に起因する事故の未然防止のための方法論の体系化――複合技術領域における人間行動研究会（終了報告）」『品質』32（2）, pp. 65–77.

西村捷敏（2004）,「知識経営における OJT の蘇生」『徳島大学社会科学研究』17, pp. 43–56.

西野一夫（2007）,「図書館の IT 化とは何であったのか（1）公共図書館における総括を例にして」『図書館雑誌』101（10）, pp. 700–701.

小布施由武（2007）,『JR 旅客制度の Q&A』中央書院.

―――（2017）『JR 旅客営業制度の Q&A　第2版』自由国民社.

Oug, C. N.（1992）, "Occupational Ergonomics and Health," *Impact of Science on Society*, 42（1）, pp.13–22.（鈴木一重訳『人間工学 そのインパクト ユネスコ・レポートより』日本出版サービス, 1999, pp. 15–26）.

Quinn, R. E. and J. Rohrbaugh（1983）, "A Spatial Model of Effectiveness Criteria: Towards a Competing Values Approach to Organizational Analysis," *Management Science*, 29（3）, pp. 363–377.

Rasmussen, J.（1983）, "Skills Rules, Knowledge: Signals, Signs and Symbols and Other Distinctions in Human Performance Models," *IEEE Transactions: Systems, Man and Cybernetics*, SMC–13, pp. 257–267.

Reason, J.（1990）, *Human Error*, Cambridge University Press.（林喜男監訳『ヒューマンエラー ――認知科学的アプローチ――』海文堂, 1994）.

―――（1990）, *Human Error*, Cambridge University Press.（十亀洋訳『ヒューマンエラー 完訳版』海文堂, 2014）

―――（1997）, *Managing the Risks of Organizational Accidents*, Ashgate Publishing.（塩見弘監訳『組織事故』日科技連出版社, 1999）.

―――（2003）, *Managing Maintenance Error: A Practical Guide*, Ashgate Publishing.（高野研一監訳『保守事故』日科技連出版社, 2005）.

佐原亭・伊藤和敬・坂入整（2017）「AI がオペレーターをサポート（AI によるお問い合わせセンター業務支援システムの開発）」『JR EAST Technical Review』60, pp. 9–12.

斎藤毅憲（1997）,『組織と人的資源の経営学』税務経理協会.

佐藤義則（2008）,「図書館サービスにおける利用者調査の意義と方法」『情報の科学と技術』58（6）, pp. 272–276.

Schein, E. H. (1985), *Organizational culture and leadership*, Jossey-Bass Publishers.（清水紀彦・浜田幸雄訳『組織文化とリーダーシップ』ダイヤモンド社，1989）.

Schmenner, R. W. (1995), *Service Operations Management*, Prentice-Hall.

正田亘 (1981),『人間工学』恒星社厚生閣.

重森雅嘉 (2021)『ヒューマンエラー防止の心理学』日科技連出版社.

清水龍瑩 (1997),「能力開発と企業成長」『三田商学研究』40（1），pp. 1–15.

Stewart, D. M. (1997), *Service Quality Improvement through the Reduction of Human Error*, Ph. D. Dissertation, University of Southern California.

須田寛 (2019)『私の鉄道人生"半世紀"』イースト・プレス.

田尾雅夫 (1998),「行政サービスの経営管理（2）　行政サービスのための組織」『経済論叢』165（1・2），pp. 1–17.

─────── (2005),「管理職の役割変化とストレス」『日本労働研究雑誌』47（12），pp. 29-39.

辻巻伸・中村一廣・高井利之 (2003)「係員遠隔操作型指定券発行システム（リモートマルス）の開発」『JR EAST Technical Review』4, pp. 42-45.

所澤秀樹 (2020)『鉄道の基礎知識　増補改訂版』創元社.

槻本正行 (2007),「中小規模大学図書館における派遣スタッフの活用」『情報の科学と技術』57（7），pp. 347-352.

Walton, R. E., and J. M. Dutton (1969), "The Management of Interdepartmental Conflict: A Model and Review," *Administrative Science Quarterly*, 14（1），pp. 73-90.

吉川榮和・下田宏 (2001),「ヒューマンインタフェースから見たヒューマンエラーとシステム安全」『日本信頼性学会誌』23（1），pp. 42-51.

索　　引

著者紹介

赤 岡 広 周（あかおか　ひろちか）

1975年生まれ

北海道大学大学院経済学研究科博士後期課程修了・博士（経営学）

現職　京都産業大学経営学部准教授

主要論文

「対面接客サービスにおけるヒューマンエラーの組織的要因」『実践経営』45，
　　実践経営学会機関誌，2008年，pp.125-131.

「ヒューマンエラーによる組織の機能不全…マートンの逆機能，バーナー
　　ドの権限不受容，第3の機能不全論」『徳山大学論叢』71，2010年，
　　pp.103-116.

「規格策定における安全性・利便性・経済性――カーナビゲーションシステ
　　ムの接続規格について」『徳山大学論叢』80，2015年，pp.47-56.

ヒューマンエラー防止のマネジメント

2022年12月10日　初版第1刷発行

＊定価はカバーに
　表示してあります

著　者　赤　岡　広　周 ©

発行者　萩　原　淳　平

印刷者　河　野　俊一郎

発行所　株式会社　晃　洋　書　房

〒615-0026　京都市右京区西院北矢掛町7番地
電話　075(312)0788番(代)
振替口座　01040-6-32280

装丁　野田和浩

印刷・製本　西濃印刷㈱

ISBN 978-4-7710-3673-4